JN023868

《新版》

クロアチア語のしくみ

三谷惠子
..........▶著

白水社

まえがき

　クロアチア，といえば何を連想しますか？　サッカーのワール
ドカップでの対戦を思い出す方が多いかもしれませんね．ヨー
ロッパのどこにあるのか，とっさには思い出せないけれど，サッ
カーの強い国．あるいは，海外旅行の観光パンフレットに掲載
されているきれいな写真が目に浮かぶ方もいるかもしれません．
ドゥブロヴニクはユネスコの世界遺産としても知られ，日本でも
いまや知名度は抜群ではないでしょうか？

　では，あの国の人々はどんな言葉を話しているのでしょう
か？「クロアチアの人はドイツ語か何かを話しているんです
か？」なんて質問されることがまれにありますが，とーんでもな
い，クロアチアの言葉はクロアチア語です．そしてこの本は，そ
のクロアチア語のしくみをごくわかりやすく，ツアー仕立てで紹
介する本です．ですから，クロアチア語に興味のある方のみなら
ず，クロアチアという国に関心のある方，クロアチアに行ってみ
たい方，クロアチアに旅行してクロアチア語の響きにふれた方，
そんな方にはもってこい，つまらない観光ガイドブック（おっと
失礼）を手にするよりは，はるかに楽しく実益もある（！）本です．

　もちろん，いろいろな言語，とりわけマイナーな言語に興味の
ある方，言語学に関心のある方，その他，白水社ファンの方，な
んとなくヒマな方，誰でも大歓迎．まずは手にとって，いっしょ
にクロアチア語とクロアチアへのツアーに出てみませんか？

著　者

目次

イラスト：九重加奈子
装丁：東幸央（協力：中山デザイン事務所）

1 文字と発音のしくみ

【旅の準備は母音から】

　さあ，これからクロアチアへの旅に出かけましょう．本邦初の特別企画，「クロアチアをクロアチア語でめぐる」ツアーです．ツアー参加者のみなさまには，この旅で，クロアチアのあれこれをめぐりながら，クロアチア語がどんな言葉なのかを体験していただきます．なんといっても旅の醍醐味は，初めて耳にする言葉の響きにみちびかれながら異国の町をそぞろ歩き，おいしいものを探して……．え？　ツアーの日程は何日で，代金はいくらか？　それは，参加してからのお楽しみ，まずはクロアチアの町の名前を見ながら，旅の準備にとりかかりましょう．

　クロアチアの首都はどこか，ご存知ですか？　Zagreb「ザグレブ」です．何だ，そのままローマ字読みすればいいの？と思われた方は旅運吉ナリ．そのとおり，さいしょの z は英語の zoo「動物園」の z と同じ音だし，g も b もアルファベットのとおり，グとブの音です．気をつけるのは r の発音，クロアチア語の r は巻き舌に近い音でしっかり発音してください．Zagreb にある 2 つの母音，a と e は，日本語のア，エとほぼ同じです．

　大きな町ではないけれど，クロアチアといえばここ！というのが『アドリア海の真珠』とも称される古都 Dubrovnik「ドゥブロヴニク」．これも綴りのとおりに読んでください．最初の D + u は英語の動詞 do のような発音の［ドゥ］，v は上歯を下唇に軽く触れて発音する音です．Dubrovnik には u, o, i の 3 つの母音が含まれていますね．いずれも日本語のウ，オ，イとほぼ同じ，ただしウは唇を丸めて，イは唇をやや強く横に引いて発音しましょう．

　ザグレブとドゥブロヴニク，クロアチアを代表する 2 つの町の名前で，みなさまはもうクロアチア語の 5 つの母音，a, e, i, o, u に出会ったことになります．ここまで出てきた音を使えば，こんなことがいえます．

Idemo u Zagreb. ザグレブへ行きましょう.

［イデモ　ウ　ザグレブ］と発音します. 最初の idemo は「行きましょう」
という意味, m は日本語のマ行の出だしの音です. u はこれだけで「～へ」.
なんと簡単！　もう旅に出ましょうか, といきたいところですが, 実はも
う１つ, ほんの少しだけ面倒な母音があります. その音を含む町を探して
クロアチアの地図を見ていくと, あ, ありました. クロアチア第３の都市
にして港町, 造船の町として知られる Rijeka です. 最初の文字を小文字
で rijeka と書けば「川」という単語になるこの町の名に含まれる ije とい
う部分にご注目. 真ん中にある j の文字は, クロアチア語ではつねに日本
語の「ヤ, ユ, ヨ」の出だしの音に近い音を表します. 私たちのツアーでは,
この j の音を［ィ］と表すことにしましょう. そこでこの i+j+e は［ィィエ］,
「家」と「いいえ」の間のような感じの音になりますが, 実はこの一続きが,
１つの母音のような役割をはたします. 同じ ije という音は, リエカに次
いで人口の多い町 Osijek にもあります. スラヴォニアとよばれる内陸地
域を流れるドラヴァ川の右岸にたたずむ独特の趣のある町, その発音は,
最初の母音 O［オ］の後の s に続けて ije を発音して［オスィエク］とな
ります. そこで, 上の文の Zagreb を Osijek と入れかえれば──

Idemo u Osijek. オスィエクへ行きましょう.

さて, クロアチア第１の町はザグレブで, 第３の町がリエカ, なら第
２の町はどこでしょう？　答えは Split「スプリト」, アドリア海の陽光
ふりそそぐ風光明媚な町です. これも綴りのとおりの読みですね. l は
英語の little の l と同じように, 舌先を上歯の裏側の付け根あたりにくっ
つけます. すでに出てきた r としっかり区別してくださいね.

【スーツケースの中身拝見】

　旅の支度，といえば荷造りでしょう．遠いところに旅行するときは，あれもこれもと詰め込める大きなスーツケースが欲しいですね．ではその中に，人はどんなものを入れて，旅に行くのでしょうか？　空港に行って，旅立ち前の人たちのスーツケースの中身をのぞき見してみましょう．

　うわあ，いろんなスーツケースがあります．で，その中身は，という前に「スーツケース」は prtljaga といいます．最初の p, r, t という 3 つの音は一気に，母音を挟まないように発音してください．といっても p と r の間には，アとウの中間のような弱い母音が入りますが．その次の l と j は，この 2 文字で 1 つの音を表します．すでに見た l と同じく舌先を上歯の裏側の付け根につけて，舌全体を上にせり上げると，lj になります．これに a をつけた lja は［リャ］，最初から全部続けると［プルトリャガ］です．多くの人で混雑する空港では，同じような prtljaga も結構あって，自分の prtljaga を誰かに持って行かれそうになった経験をお持ちの方も多いのでは？　そんな時は大声でこう叫ぶべし．

　Ovo je moja prtljaga!　これは私のスーツケース！

　最初の ovo は「これは」，綴りのとおりに［オヴォ］と発音します．次の単語に出てくる j はすでに説明したように「ィ」の発音なので je は［ィエ］，ヤ行の「ヤ，ユ」と同じ出だしの構えで「エ」を発音するとこの音になります．これで「〜です」という意味．3 番目の単語の mo の後ろの j+a は，われらがツアーの決まりをそのままあてはめれば「ィア」ですが，これはつまり［ヤ］．moja［モヤ］は「私の（もの）」，というわけで，全体で「これは私のスーツケースです」．

　さてさて，私たちはスーツケースの中身を拝見しているのでした．あ

らら，こちらのスーツケースにはシャツに靴下と，衣類がいっぱい，かと思いきや，向こうのは本がつまって重たそう．遠い旅に連れて行かれるこれらの品々，クロアチア語でシャツは košulja, 靴下は čarape です．おや，ちょっと変な文字がでてきました，š と č，これってどう発音するんだ？なんて心配ご無用．š は「ショック！」という言葉の出だしに使われる擦れの大きな音，č は「ちょっと！」という時の出だしの「ち」に似た音ですが，舌先を一瞬，上歯の後ろの付け根の上あたりに接触させてすぐに勢いよく息を吐きながら離す音です．そこで košulja は ［コシュリャ］，čarape は ［チャラペ］，簡単でしょ？　身だしなみに欠かせない日用品 češalj ［チェシャリ］「櫛」にはこの両方の音が入っています．そこで，この語を使ってみます．

　　Ti imaš češalj?　あなたは櫛をもっているの？

　もしぼさぼさ頭の旅仲間がいたら，さりげなくこう言ってあげましょう．最初の Ti は ［ティ］で「あなた・君は」，imaš ［イマシ］は「もつ」です．
　そして，旅の荷物を重くする諸悪の根源（！）「本」は knjiga, ここに含まれる nj は，košulja の lj の場合と同じく，2 文字で 1 つの音を表します．n の発音で舌の前の部分をそのまま口の上側にぺたりとくっつけたのが nj, というわけで，本は ［クニィガ］．さっき出てきた moja「私の」をこの前に置けば moja knjiga は「私の本」となります．スーツケースと違って，人さまの本を取っていく人はあまりいないかと思いますが，大事な愛読書を取られそうになったら，

　　Ovo je moja knjiga!　これは私の本！

　これで大丈夫です．

【ポケットは空に】

　テロ警戒で手荷物検査の厳しい昨今，鞄の中に入れたままだと空港の検査場で一悶着になるものがいろいろあります．念のため，飛行機の機内持ち込み禁止物を確認します．

　まず危険物といえばナイフ，nož［ノージ］です．あれ，前に出てきたšやčと同じような記号がzの上にある文字がでてきましたね．この文字は日本語のジのような音を表しますが，ただし舌は口の中のどこにも触れません．それに，フォークもやはり持ち込み禁止でしょうね，尖った先端で人を突くこともできますから．フォークは vilica［ヴィリツァ］です．最後のcの文字に注意してください．cは必ず日本語の「つ」の最初の音を表します．そこで ca, ci, cu, ce, co は順に「ツァ，ツィ，ツ，ツェ，ツォ」．それからと，はい？　先割れスプーンもフォークと同じく危険物かって？　ううぅ．そういう場合は žlica「スプーン」を使ってこう主張されては？

　Ovo je žlica.　これはスプーンです.

　ovo は「これは」，je は「～です」という意味，ovo je...で「これは～です」ということができます．文は全体で［オヴォ　ィエ　ジリツァ］．

　近年になって機内持ち込みのチェックが厳しくなり，多くの人が迷惑しているもの，といえば液体ですね．水，化粧水，コンタクトの保存液，等々．いろいろ必要なのに，と文句をいっても仕方なし，今や危険物に指定された「液体」は tekućina［テクチナ］といいます．あらら，また変な文字が出てきた．今度はćです．でも驚かないで，ćはčよりずっと舌が口の上側にくっつく感じの，日本語の「ち」に近い音を表します．水を凍らせて，つまり氷にして，

Ovo nije tekućina.　これは液体ではありません.

［オヴォ　ニィエ　テクチナ］といったら持ち込めるかって？　それも
ないと思いますけど. ここにある nije は上に出てきた je「～です」に
対して「～ではありません」という意味を表す形です.

　飛行機に乗る時は, ポケットの中身にもご用心, 鍵など入れたままだ
と, 保安検査場でひっかかります. ポケットは空にしておきましょう.
ポケットは džep. 最初の2文字はもうおなじみになった d と ž ですが,
dž は, lj や nj の場合と同じく, 2文字で1つの音を表します. カタカ
ナで書くと「ジ」ですが, この「ジ」は, ž とは違い, 舌が上歯の付け
根よりやや奥の辺りに一瞬触れ, 擦れる音で発音する「ジ」です.

Džep je prazan.　ポケットは空です.

　［ジェプ　ィエ　プラザン］と, 保安検査場ではこうでなくては.
džep と je はもういいですね. 最後の prazan は「空いた, からっぽの」
という意味の語です. うっかり小銭などをポケットに残していて, 検査
場の探知機ブザーをはなばなしく鳴らしてしまったら？　その時は──

Iznenađenje!　おやびっくり！

ととぼけて, すみやかにポケットを空にしましょう. ん？　iznenađenje
の d の文字が変？　おっと, この d に横棒の入った文字は, dž より
もっと, 舌先を口の上側前方にぺたりとくっつけて作る音を表します.
iznenađenje ［イズネナジェニィエ］は「意外なこと, 予期せぬこと」
という意味の言葉. 旅の iznenađenje は, 楽しいことだけにいたしましょ
う.

【ナイチンゲールとマグロと熊】

　空港の保安検査場での面倒を避けるため, ポケットはあらかじめ空に, という話でしたね. でも財布は空では困ります. クロアチアに行ったらクロアチアのお金も必要になりますね. そこで, クロアチアのお金について見ながら, 旅の準備を続けることにしましょう.

　クロアチアの通貨は kuna［クーナ］です. kuna はイタチ科の動物を指す語で, 高級毛皮の素材として珍重されたテンもその仲間. 昔その毛皮がお金の代わりに用いられたことから, 貨幣経済の時代になってお金の単位の名称になったといわれています.

　クーナの硬貨は, １クーナ, ２クーナ, ５クーナと３種類があります. 図柄を見るとぞれぞれの硬貨に, 鳥, 魚, そして四つ足動物が刻印され,

slavuj　　　　tunj　　　　mrki medvjed

と書かれています. １クーナの鳥 slavuj は「ナイチンゲール」, ２クーナの魚 tunj は「マグロ」, そして５クーナの四つ足動物 mrki medvjed は「ヒグマ」で, medvjed だけで「熊」です. ではこれらの共通点は？　といっても, 生物学的な意味を考えないでください. 綴りをよく見て. そう, いずれも j の文字が含まれますね. というわけで, j に関してこれまで出てきたことをここで整理しておきましょう.

　j は［ィ］の音を表しますから, slavuj は［スラヴィ］です. また２つの音に挟まれた場合には, 前後の音の間に短いィが挟まれることを表すので, medvjed は［メドヴィエド］となります. ただし tunj［トゥーニ］の nj と, すでに見た lj は, これらで１文字の扱いとなります. これに加えて, Rijeka や Osijek の ije は, この連続で１つの母音のように働くのでしたね.

　5クーナ硬貨に使われている mrki medvjed「ヒグマ」の前半の部分 mrki［ムルキ］は焦げ茶や灰褐色のような色を表す言葉で，後ろの名詞 medvjed を修飾します．前に見た prtljaga の prt と同じく，mrk も r を真ん中にして子音が連続しますね．同じような音の連続はないか，と見回せば，あ，ありました，しかも私たちにとって肝心な言葉の中に．私たちの行き先，クロアチアの国名 Hrvatska［フルヴァッツカ］に，hrv という連続があります．Hrvatska の最初の h は，日本語の「フ」のように唇の間が狭くなってそこを空気がすり抜けるような音ではなく，むしろ「ハ」の出だしの音に近い，喉の奥でやや息が擦れる音です．ハの音の構えで母音アを発音せずにすぐ巻き舌の r に移り，続いて v を発音してください．

　クロアチア語はほとんどの場合，音のとおりに文字を綴り，1つの音に1つの文字（あるいは nj, lj のように1文字扱いの連続）が対応します．その原則をあてはめれば，「ツ」の音は c で表されるはずなのですが，［フルヴァッツカ］の「ツ」は ts という，独立した2つの文字 t と s の連続で表されますので，ご注意を．ではこれらの音を練習しましょう．

　Hrvoje je Hrvat, govori hrvatski.

　Hrvoje［フルヴォィエ］は男性の名前，Hrvat は「クロアチア人」，govori は「話す」という意味，hrvatski は「クロアチア語」なので，「フルヴォエはクロアチア人，クロアチア語を話します」．発音は［フルヴォィエ　ィエ　フルヴァート　ゴヴォリ　フルヴァツキ］．おもいっきり舌を巻いてください．

【上がって下がって，長く短く】

　次の文をご覧ください．

　Gdje je moja soba?

　最初の gdje［グディエ］は「どこに？」と場所を尋ねる言葉，je と moja はすでに出てきたように「〜です」と「私の」です．そして最後の soba は，ん？　ソバ？　私の蕎麦はどこかってこと？　違います！　発音は似ていますが，soba は「部屋」という意味の言葉です．全体で［グディエ　ィエ　モヤ　ソバ］「私の部屋はどこですか？」──これ，宿泊先のホテルで必要になるかもしれませんよ．

　クロアチア語にはこの soba の前に o がついた osoba という言葉もあります．あ，今度こそ，お蕎麦だろうって？　違います‼　こちらのオソバは「個人」という意味の言葉です．soba は，標準日本語の発音の「蕎麦」と同じように最初のソがやや高くなりますが，osoba のほうは「お蕎麦」とはやや違って，オソバと最初のオにアクセントが置かれ，ここを少し高く発音します．このように，クロアチア語には，音の上がり下がりが語の中にある，という特徴があります．日本語でも「ハシが落ちた」の「ハシ」のアクセントによって，すわ一大事か，あるいはちょっと身をかがめて拾えばすむ話か，まったく違ってきますが，クロアチア語にもそれと似たような区別がある，ということです．

　さらに，クロアチア語の単語を特徴づけるものに，母音の長さがあります．日本語の「土蔵」「銅像」「どうぞ」が別々の語になるように，母音に長いものと短いものがあり，それらが，上の，音の上がり下がりと組み合わさって，アクセントになります．

　次の文を見てください．

Gore gore gore.　山々の頂の方が燃えている.

　同じ語が3つ並んでいるように見えますが，実は3つとも異なる語です．最初の gore は「山々」，この o と e は短い母音で，最初の go から次の re に向かってやや音が上昇する感じの発音です．次の gore は「上のほうで」という意味で，この o も e も，やはり短い母音ですが，こちらは最初の go が高い音で発音され，次の re で下がります．最後の gore は「燃える」という意味の語で，go は「山」の go と同じ発音ですが，後ろの re が「レー」と長く伸びる音になります．そこで全体は［ゴレ　ゴレ　ゴレー］.

　クロアチア語のアルファベットには，母音の長短を区別する記号がありません．また，音が上がったり下がったりする位置も，語によって，最初の母音だったり2番目の母音だったりと，さまざまです．ですから，厳密なことをいえば，学習する場合に1つ1つ覚えるしかないわけですが．ええ，そんな面倒くさいの，嫌だぁ，なんておっしゃらずに．私たちの日本語だって，音の上がり下がりがあり，母音が長かったり短かったりと，面倒な点では似たりよったり．まあ，この辺りはあまり深刻に考えないことにしましょう．そろそろ出発の時が近づいてきました.

　「旅」という言葉は put，ここにある u は長い音で，プ⌒トとカーブを描くような音調で発音されます．この言葉に sretan［スレタン］「幸福な」という修飾の言葉をつければ，旅立つ人に向かって贈る言葉になります.

Sretan put!　いってらっしゃい！（直訳は「幸せな旅行を」）

山はヤマならず

　クロアチア語の音のしくみはおおよそご理解いただけたでしょうか？
ではここで少々応用編，日本語の言葉をクロアチア語式に綴るとどうな
のか，見てみましょう．

　日本発で有名なものといえば車，クロアチアでは，ユーゴ時代から市場
に出回っていた三菱自動車と，オートバイのカワサキがなじみ深い名前で
す．ミツビシ Mitsubishi はクロアチア語式に綴れば Micubiši．カワサキ
はローマ字で Kawasaki ですが，クロアチア語式に直すと，あれ，ワの
音を表すクロアチア語の文字は何？　1 章で出てこなかったような気が．
そうなのです，英語で w で綴られる音は，クロアチア語にはないのです．
音がないので w の文字もアルファベットにありません．なのでカワサキ
をクロアチア語式に綴るなら，v を代用して Kavasaki となります．

　日本の象徴，富士山はどうなるでしょう．まず日本語のジは đ で表
しますので，クロアチア語式の綴り方なら Fuđi です．ですがフィルム
で有名なメーカー名のおかげか（？）Fuji と書かれることもあります．
山のほうはヤマと読んで jama，もうみなさまはこれをジャマとは読み
ませんよね．一方，英語式のままだと yama，この書き方も時たま見か
けます．なお y も w と同じくクロアチア語にはない文字，外国の人名
や地名を書き表す場合にだけ使います．

　ところでクロアチア語で jama とは，地上に突き出た「山」ならぬ地
面の窪みや穴ボコ，炭坑の坑などを表す言葉です．なので，

　Fuđijama nije jama.　フジヤマはヤマ（穴）ではありません．
　フ　ジ　ヤ　マ　ニ　エ　ヤ　マ

　ううむ，日本とクロアチアでは立体感覚が逆？

コラム

クロアチア語とセルビア語

....

　さて，飛行機が一路クロアチアに向かって飛んでいる間を利用して，クロアチア語と隣国の言葉の関係について，少しお話ししておきましょう．

　クロアチアに行く予定で一生懸命クロアチア語を勉強したあなたが，飛行機を間違えて（て，間違うか？）セルビアのベオグラードに着いてしまったとします．さて．とりあえず近くにいる人にクロアチア語で，

　Dobar dan. 　こんにちは．
　ドバルダン

といってみましょう．dobar は「良い」，dan は「日」で「良い日を」，クロアチア語でふつうに用いられる挨拶です．すると人なつこいセルビアの人たちはすぐにDobar dan!とセルビア語で返してくれるでしょう．ん？　どこか違う？　違いま…せん．挨拶だけでなく，クロアチアとセルビアの標準語を比べて両者の違いを見つけるのは‘間違い探し’（「同じに見えるこの2つの絵には10カ所違いがあります」という，アレですよ）をするみたいなもの．これは一体，どういうことなのでしょうか．それは，19世紀に，それまでいろいろな方言を用いてきたクロアチアやセルビアの人々が，皆に共通の書き言葉を作ろうという運動を起こし，それによってクロアチア，セルビアさらにはボスニアの人々が用いる標準語の基礎が作られたという歴史があるからです．この運動は，自分たちの国家を作ろうという政治的運動と密接に関係しており，その結果誕生したのがユーゴスラヴィアだったわけです．言葉も「セルビア・クロアチア語」とされ，この標準化された言葉が旧ユーゴの公用語として用いられてきました．けれどユーゴスラヴィアはなくなり，その国家の言語であった「セルビア・クロアチア語」もなくなったわけです．

....

違いはどこに？

··

　前の話をもう少し続けます．では，クロアチア語とセルビア語の間に
ある'間違い'ならぬ違いとは，どのようなものでしょう．ベオグラー
ドに到着してしまったあなたが，こう質問したとします．

　Gdje je ovdje?　ここはどこですか．
　グディエ　イェ　オヴディエ

　gdje は「どこ」，odvje は「ここ」．すると親切なセルビアの人から，
こんな答えが返ってくるかもしれません．

　Gde je ovde? Ovde je Beograd.　ここはどこかって？　ベオグラードですよ．
　　　　　　　　　　　　　ベオグラード

　さあ'間違い探し'の答えは？　すぐわかりますね，gdje と gde，
ovdje と ovde．クロアチア語で j の音が入るところにセルビア語では何も
入っていません．もう少し詳しく申しますと，同じ言葉でセルビア語では
e になるところが，クロアチア語では e だったり，je だったり，あるいは
ije だったり，時には i だったりするのです．これが主な違いの1つです．

　そうそう，ここで遅ればせながら紹介させていただきますが，当旅行
会社の社名は Bijela Voda と申します．bijela は「白い」という意味の
　　　　　　　　　　　　ビイェラ　ヴォダ
言葉で，voda は「水」という言葉，合わせて，ま，申し上げるまでも
ありませんね．ちなみに弊社ツアーではニワトリを描いた旗を使用して
いますので，目印になさってください．さてこの bijela の ije の部分，
上で述べたように，セルビア語だと e になります．意味は同じです．セ
ルビアには Bela Voda という場所があり，ときどきわが社企画のツアー
　　　　　　ベーラ
の問い合わせがそちらにいくとか，いかないとか．みなさまはどうかお
間違いないように，お願いいたします．

··

コラム

言葉は文化なり

....

　旧ユーゴから独立し，やはりクロアチア人やセルビア人とほとんど同じ言葉を話しているのがボスニアの人々です．彼らの言葉はボスニア語，ではクロアチア語とボスニア語はどのように違うのでしょうか？　やはり e が ije になったり je になったりとか？　いいえ，この点ではボスニアの標準語はクロアチア語と同じ，gdje や ovdje はボスニア語でも gdje, ovdje となります．ボスニアにもわが社と同じ地名がありまして，これもセルビアのように Bela Voda とはならず，Bijela Voda です．それなら何が違うのかって？　うーん，実はそれがなかなか説明が難しいのです．たとえば，čaršija は町の繁華街や市場などを指す言葉ですが，これはボスニアに特有の語です．jorgan「布団」もそう．でも，セルビア語との違いの場合もそうなのですが，こうした言語の間の実質的な違いはそう大きなものではありません．重要なのはむしろ，そうした違いの後ろに何があるのか，という点なのです．それぞれの地域の歴史を見ると，クロアチアはオーストリア・ハプスブルクやハンガリーの勢力下，カトリック文化に親しみ，一方ボスニアはオスマン帝国の支配を受けてイスラームの宗教と文化を受け入れ，現代に至りました．そしてセルビアは，オスマン帝国に中世の王国を滅ぼされてなおセルビア正教の信仰を守り，独自の伝統を作り上げました．そうした文化的背景の違いが，言葉の中に染み込んでいるのです．つまりクロアチア語とセルビア語とボスニア語の違いは，量的な——標準語で用いられる語が何パーセントくらい共通しているかというような——ものではなく，もっと質的なものなのです．え？　さっぱりわからない？　ま，いいでしょう，わからなくても言葉は通じるんだから（と，最終的には無責任な添乗員なのでありました）．

....

2 書き方と語のしくみ

【ようこそクロアチアへ】

みなさま，飛行機は無事にクロアチアに到着しました．ここはザグレブ空港，クロアチア語で Zračna luka Zagreb です．zračna が「空気の」で luka が「港」，合わせて「空港」，日本語と同じですね．air + port をそのまま訳したわけです，などとお話ししている間に，入国審査の番が回って来ました．といっても入国審査はごく簡単，無愛想な審査官に putovnica「旅券」を見せてスタンプを押してもらうだけです．普通は何も聞かれませんが，もしかすると本ツアーのみなさまには，アルファベットが全部頭に入っているかチェックせよという極秘指令が，クロアチア内務省（一般にはケイサツとして知られる役所）から出ているかもしれません．その場合に備えて，アルファベットを確認しておきましょう．「アルファベット」のことは abeceda といいます．abcd と並べて，それを発音のとおりに abecede と綴り直し，最後の母音だけを e から a に変えて作った言葉です．

1章のコラムでもふれたように，w, y, それに q, x はクロアチア語の abeceda にはありません．これらの文字は外国の地名や固有名詞などを表す場合にのみ用いられます．たとえば「ニューヨーク」はクロアチア語式に Nju Jork と書くこともできますが，そのまま New York と綴るのが一般的な傾向のようです．

【ニコラ君，登場】

　入国審査を終えて空港のロビーへ．ようやくほっと一息つきながら，出迎えてくれるはずの現地案内人を探すと，ああ，弊社の旗（ニワトリの柄です！）を持った青年，あれがそうでしょう．はじめまして，ビィエラ・ヴォダ社サグレブ支局の Nikola Šubić です，だって．ひぇ，クロアチア史上の英雄と同姓同名！とあせる添乗員を尻目にニコラ君，さっそく話が始まりました．

　"Nikola" je ime.　「ニコラ」は名前です．
　ニ コ ラ　ィエ イ メ

　ime は「名前」という言葉です．町へ向かうバスを待つ間に，ニコラ君，まずは，と名前の説明を始めたようです．なになに？　Nikola という名はクロアチア人の男性名トップ 10 に入る名なんです，Ivan, Marko, Stjepan に Josip，Ante も多い名前ですけど，Stjepan とか Josip なんて，今は流行らないですね．今は David とか Leon, Filip といった名前が流行です．女性の名では Marija に Ana，Vesna，Nada などが多いな，僕の彼女は Marina って名ですけど，これもトップ 10 に入る名前です．でもまあ彼女の場合は，美しさも国内でトップ10入りだな，うん．おやおや，じっと聞いていれば，のろけか．

　さて，名前の次は姓の話になりました．

　"Šubić" je prezime.　「シュビッチ」は姓です．
　シュビッチ　プレズィメ

　prezime は「姓」，クロアチア人の名前は他のヨーロッパ人と同じく，ime, prezime の順で並びます．姓，名どちらも最初の文字はつねに大文字で書きます．ニコラ君の話では，姓では Horvat, Babić に Kovačević が多いとか．-ić という形で終わるものが一般的ですが，そ

うでない姓ももちろん，たくさんあります，Budak とか Žagar とか
Lisac とか.
　すると，あのう，と，お客さまからさっそく質問です．女性は結婚
後，必ず夫の姓を名乗るのですか？　ですって．これはどうなのでしょ
う？　もとの姓をそのまま使うこともできるし，もちろん結婚相手の姓
を名乗ってもいいし，あるいは自分の姓とご主人の姓をくっつけること
もできますよ，とニコラ君が説明します．僕の母は，そのくちです．母
の家の姓は Marić ですが，父と結婚して，現在は両方の姓を名乗って
います．つまり母の場合は，こんなふうにいえるわけです．

"Marić-Šubić" je prezime.　「マリッチ - シュビッチ」は姓です.

　へぇ，日本でもときたま夫婦別姓なんて話題は出るけれど，2つ名字な
んて考えられないね，そうねぇ，山田 - 田中さんなんて，変よねぇ，など
とお客さまがおしゃべり，その後でニコラ君が次のようにまた始めます．
　クロアチア人の名前の特徴は，愛称がたくさんあることかな．たとえ
ば Nikola には Niko，Nino，Nico とか Kojo，Koce なんていうのが
あるんです．僕の愛称，あ，「愛称」は nadimak といいますが，Kola
なので，みなさまもそう呼んでください．

"Kola" je nadimak.　「コラ」は愛称です.

　コラ！なんていつも怒られてるみたい，とまたもお客さまの声．けれ
どニコラ君，一向に気にする様子もなく，僕の彼女の Marina っていう
名前にも Ina，Maca，Mara，Rina，Rinka といろいろ愛称があってね，
僕は彼女を Rina って呼んでるんですけど，へへ，だって．我らがガイ
ドのニコラ君，どうやらマリーナさんにぞっこんみたいですね．

【出口と入口】

　市内へと私たちを運んでくれるバスがもう間もなく来るようですが，その前に案内の表示を見ておきましょう．IZLAZ と書かれたドアが見えますね．あれが「出口」です．その向こうには ULAZ とありますが，あちらは「入口」．もしどこかの建物の中で出口がわからなくなったら？

　Gdje je izlaz?　出口はどこですか？
　グディエ　　イズラズ

と誰かに尋ねれば大丈夫．gdje は 1 のコラムで見ましたね，場所を尋ねる言葉です．あるいは入口を尋ねたかったら，こうなります．

　Gdje je ulaz?　入口はどこですか？
　　　　ウラズ

　でも，この「出口」と「入口」，最初の iz と u が違うだけなのでは？　と気づいた方はエラい！　その通り．この iz と u は，これらの語でそれぞれ，日本語の「出」と「入」の意味を表す役割をはたしており，これらが -laz という形にくっついて「出口」「入口」という言葉になっているのです．laz の部分はこれだけでも「出入口」などの「口」を表す語になります．ただしあまり使いません．日本語と同じみたいで面白いって？　そう思った方はさらにエラい！　そういう方はこのツアーをうんと楽しめますよ．

　では次に頭上のフライト案内板をご覧ください．

DOLAZAK　　　　　POLAZAK

　一番上にこう表示されているの，わかりますか？　dolazak が「到着」，polazak が「出発」，どちらも旅行には大事な言葉ですね．と，そこのよそ見してる方！　逆に覚えないでくださいよ，まったくもう．で
　　ドラザク
　ポラザク

もって，これらも出だしの部分が違うだけですね．ここでは do が「着」の意味を，po が「発」の意味を表しているのですが，残りの共通部分 lazak は，先の laz とは違って，これだけでは使いません．dolazak や polazak となってはじめて 1 つの言葉となります．

　飛行機の離着陸を表す言葉も同じような組み立てになっています．

uzletanje　離陸　　　　　**sletanje**　着陸
ウズレタニェ　　　　　　　　　スレタニェ

　この 2 つも最初の uz と s が違うだけですね．これはなかなかダイナミックなんですよ，離陸の uz は上向きの動きを，s は反対に下向きの動きを表す語のパーツで，うしろの共通部分 letanje が「飛ぶこと」を表すのです．ただし「飛行」という言葉は letenje という，少し違う形になります．
レテニィェ

　さて，これまでの話をまとめましょう．要するに，クロアチア語には，語を作るためのいろいろな意味を持った部品があれこれあって，それらを，語のいわば本体部品にくっつけることで，意味の異なる言葉を作るしくみがある，ということなのです．考えてみたら，日本語でも，漢字を組み合わせて，「出発」「出航」「出品」とか「入学」「入社」「出入」とか，いろいろな言葉を作りますよね．これも部品を組み合わせて完成品の語を作るしくみ，と考えれば，そのココロは日本語もクロアチア語も同じようなもの．まあ，ヒトの言葉のしくみなんて，根本原理はそうは違わないのですよ，ふふふ（と大胆にうそぶくビィエラ・ヴォダ社添乗員なのでした）．

【ザグレブとザグレプチャニン】

　ようやく町に向かうバスに乗り込んだツアーの一行に，ニコラ君，クロアチアの歴史や文化について蘊蓄を傾けはじめました．曰く，ザグレブは音楽の町でもあるんです．日本でも合唱曲として有名な『ウボーイ』は「戦いの中へ」という意味の楽曲ですが，作曲者はイヴァン・ザイツというクロアチア人です．もとはオペラの歌で，オペラのタイトルは "Nikola Šubić Zrinski"，僕と同姓同名の主人公は 16 世紀にオスマ
（ニ コ ラ　シュビッチ　ズリンスキー）
ントルコと戦った英雄で，と続くニコラ君のおしゃべりに，お客さまの 1 人が，あなたはザグレブの出身なんですか，と尋ねました．それに答えてニコラ君は，ええ，僕は Zagrepčanin です．そう，ツアーガイド
（ザグレプチャニン）
には現地に精通した人を，というのが弊社の方針ですので．

　Nikola je Zagrepčanin.　ニコラはザグレブの人（男性）です．

　さて，ここに出てきた Zagrepčanin という言葉にご注目．意味は「ザグレブの人」つまりザグレブ出身の男性を指す言葉，町の名と同じように，最初の文字を大文字で綴ります．でも，あれ？　Zagreb なのに Zagrepčanin と，b が p に変わってる？　間違いじゃないの？

　実はここにちょっとした仕掛けが．クロアチア語には，語の本体部品に何か別の部品をくっつけて新たに語を作るしくみがある，というお話，これはもうよろしいですね．そしてこの時，部品の連結部分で，もとの語の音が変わることがあるのです．ではどんなふうに変わるのか，ニコラ君の Zagrepčanin で見てみましょう．čanin というのは「ある町や土地の出身者」を表す言葉を作る部品です．なのでこれを Zagreb にくっつければ Zagreb+čanin で「ザグレブの人」とすることができるわけです．ところで čanin の最初の č は，濁らない──日本語でいえば濁点の

つかない「チ」という音ですね. このように濁らない音で始まる部品が,
Zagreb の b のように濁った音, 日本語では濁点付きの音の「ブ」にくっ
つくと, 連結の前方部分の b に異変が起こります. つまり, 後に続く
澄んだ č の影響を受けて, 前の濁った b も, 澄んだ音に変身するのです.
b「ブ」から濁りを取ると,「フ」ではなく p「プ」になります. ですか
ら Zagreb+čanin で, 発音は [ザグレプチャニン] と変わるわけです.
ここまでは, よろしいでしょうか. さて, クロアチア語には言文一致の
原則といいますか, 発音通りに文字を綴るという規則があります. そこ
でこの規則が当てはめられ, 連結部の変化, つまり b から p への変身が,
そのまま文字に現れ, Zagrepčanin となるのです.

　čanin は男性を表す言葉を作るパーツ, メンズ用品ですが, これに
は čanka という形のレディーズ用もあります. そこでこれを用いると
Zagreb からは Zagrepčanka という言葉ができます. ここでも b は p
に変わりますよ. ニコラ君の自慢の恋人は,

　Marina je Zagrepčanka.　マリーナはザグレブの人(女性)です.

となるわけです.

　つまり, 日本語の澄んだ音と, 濁点つきの音の対（カとガ, タとダ
など）のような音の対応関係がクロアチア語にもあって, 今出てきた p
と b の場合のように, 音の連結部分でよく, 重要な役割をはたすのです.

【MUP だ！】

　バスがザグレブのホテルに到着しました．まずはチェックイン，そしてみなさまそれぞれのお部屋へ．と，しばらくしてお客さまの1人が地図を片手にロビーに見えました．モノ問いたげな表情，と思えばやっぱりご質問です．すみません，この地図ですけど，とザグレブの地図を広げて，これ，何ですか？とおっしゃる指の先には，

KAPTOL

　ああ，Kaptol，ザグレブの中の地区の名称ですよ，とニコラ君が答えます．でも KAPTOL って全部大文字で書いてあるけど？——いえ，普通は地名や人名などは Zagreb とか Nikola のように，最初の1文字だけを大文字で書いて，後は小文字にします．たとえば，ここを見てください，とニコラ君が指さす地図の箇所には次のようにあります．

Jurišićeva
ユリシチェヴァ

　ユリシチェヴァ通りですね．ほらね，最初の文字だけが大文字でしょう．Kaptol はザグレブ市内の1つの地区の名称なので，地図で目立たせるためにこうしてあるだけですよ，というニコラ君の説明に，だったらこれもふつうは Hnk なんですか？　どう読むんですか？　そうおっしゃるお客さまの指は，今度は別のところを指しています．

HNK

　あ，これは「クロアチア国立劇場」の略称ですね，「クロアチアの」Hrvatsko,「国立の」narodno,「劇場」kazalište という3語からできフルヴァツコ　　　　　　　　ナーロドノ　　　　　　　カザリシテ
ているので，それらの最初の文字をとったものなんです．正式に書けば，

Hrvatsko narodno kazalište

この場合は最初の H だけが大文字ですが，HNK は略称なので全部大文字，こう書いてハーエヌカーと読みます．そうなんですよ，クロアチア語では，施設や機関などの名称を略して略称を作るとき，頭文字をとってつなげて，大文字で書くんです，とまたニコラ君が説明します．読み方には 2 つのタイプがあって，HNK をハーエヌカーのように 1 文字ずつ文字名で読むのと，全部つなげて 1 つの語みたいに読むのと．1 語みたいになるのは，ですね，と，何かないかとあたりを見回すニコラ君，ふいにあっ！と叫びます．その視線の先，入口の近くに制服姿の人が．警官のようです．ニコラ君，何かマズいことでも？　いえ，そうではなくて，

MUP
ムウプ

なるほど．確かに MUP はエムウペーでなく［ムウプ］，略称ですが 1 語のように読みますね．MUP とは「国内の」「仕事の」「省」という 3 語からなる「内務省」の頭文字を取ったもの．警察は MUP の中の組織なので，警官の制服のワッペンには MUP の文字が入っているのです．

　MUP のような略称からも，言葉を作るパーツをくっつけて別の言葉を作ることができるんですよ．'何かをする人'を表すパーツ ovac というのをつけて mupovac「MUP 職員」．お巡りさんのことを，こんなふうに呼んだりもするんです．
ムポヴァッツ

手書き文字

....

　ここで，クロアチア語の手書きの文字をご紹介しましょう．下は本の献呈辞として書いていただいたもの，1字1字を分けて書くブロック体の文字を使っているので，かなり読みやすいといえます．

Gđi. KEIKO MITANI

U znak pažnje za izvrsnu ljubav
prema poljičkoj kulturnoj baštini.

　一番上の姓名が全部大文字で書かれていますが，手紙の宛名などもよくこうして全部大文字で書きます．名前の前にある Gđi. は「～様へ」の意味，もとの形は gospođa で女性につける敬称「～様」です．男性の「～様」は gospodin，略すと g. です．ž や č，š の上の鍵記号（kvaček
と言います）が横棒状態になっていますね．この書き方，よく目にします．

　下のものは 20 世紀初めの文学者 G. Matoš の手稿です．こちらは文字を続けて書く筆記体ですが，全体にやや左に傾いています．このように左傾き書きをする人，今も結構いるのです．読む方も思わず，首を左に傾けてしまいます．

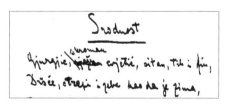

....

長い語

....

　美しいアドリア海に数多くの島を持つクロアチア，なので一番大きな島は何ですか，などという質問はよくツアーのお客さまから受けます．お答えします，それは Cres ツレスです．クロアチアで一番高いヤマ（日本語のヤマですよ！）は？などという質問もお手のもの，それは Dinara ディナラ，ボスニアとの国境をなしています．ではクロアチア語で一番長い語は？　こう，なんでも「一番〜なもの」を知りたがる方，いるんですよねえ．けれど一番長い語，というのは難しいですね，桁数の大きな数を作れば，それを言い表す言葉はいくらでも長くなるし．かなり長い語としてよく言われるのは prijestolonasljednikovica です．解体しますと，prijestolo-nasljednik-ovica と 3 つの部品から組み立てられています．

　最初の prijestolo のもとの形は prijesto，王座とか帝位の意味の言葉で，後ろの部分が prijestolo と少し変わっているのは，他の部品と結合するために，接合部が少々加工されているためです．次の nasljednik は継承者，ですからこの 2 つを合わせた prijestolonasljednik だけで「帝位継承者」になります．そこにさらにくっついた ovica は，その夫人であることを表す部品，全部続けて「帝位継承者夫人」．

　一番短い語は，1 文字，1 音で語になるものですから，「そして」の意味の i や，「一方，けれど」の意味の a，「〜の中に」を表す u，「〜について」を表す o など．なぁんだ，母音はどれも，1 音で 1 語になるの？というわけではありません，e は無理です．je ならばもうこれまでに何度も出てきましたね，「〜です」を表す言葉になります．

....

コラム

外来語のおはなし

....

　旅行中お世話になる大事な場所といえば hotel ですね．両替をするには banka，何か日本に送りたい人は pošta に行く必要があります．全部おわかりですか？　banka は大丈夫ですね，「銀行」です．pošta は？　似たような音の言葉を日本語で探してみてください．「ポスト」？　ほぼ正解，pošta は「郵便局」．これらの言葉はいずれもインターナショナルですね．郵便局の場所を尋ねたい時は，gdje を使ってこういいます．

　Gdje je pošta?　郵便局はどこですか？

　クロアチアは歴史的にいろいろな国と関係を持ってきたので，さまざまな起源の言葉があります．たとえば今，カフェの向こうのテーブルについた男性，ポケットから何か取り出したと思いきや，なんとクラシックにパイプと煙草です．ポケット džep にパイプ lula，煙草 duhan は，いずれもトルコ語起源の言葉．そしてパイプに火をつけながら注文したのは，gemišt です．gemišt はドイツ語の gemischt「混合の」という語に由来し，ワインを炭酸水で割ったポピュラーな飲み物．本家ドイツでは Spritzer，日本でも最近スプリッツァーとして知られているものです．

　とはいえ，昨今はなんといっても英語が最大の影響力をもっています．この状況はどこの国も同じでしょう．ただしクロアチアでは，英語をそのまま用いずに，クロアチア語式の言い方を使おうという‘抵抗’の試みもあります．コンピュータ関係なら，コンピュータが računalo，「計算機」の意味です．そしてキーボードが tipkovnica，プリンタは pisač で，ファイルが datoteka．でも，ソフトウェアは softver だし，ディスクは disk と，もう限界．やはり，英語の力には太刀打ちできません．

....

挨拶の言葉

....

『旅の小会話』のような本でまず紹介されているのが挨拶の表現です.もちろんビィエラ・ヴォダ社もその点は抜かりありません.いくつかの基本的な挨拶の言葉をここでお教えしておきましょう.

Dobar dan. こんにちは.
ド バ ル ダン

これはもうよろしいですね.でも親しくなったら,もっと軽い感じの「こんにちは」も使いたいですよね.その場合は次の1語でいきましょう.

Bok. こんにちは.
ボーク

お別れを言うときには,次のものが定番.

Do viđenja. さようなら.
ド ヴィジェニャ

これは直訳すると「出会いの時まで」です.お礼を言うなら,これ.

Hvala. ありがとう.
フヴァーラ

もっとていねいに言う場合は一語つけ加えます.

Hvala lijepa. どうもありがとう.
フヴァーラ リィエパ

後ろにくっついた lijepa というのはこれだけだと「美しい」という意味の言葉です.ごめんなさいと謝る言い方もトラブル防止のために覚えておきましょうね.

Oprostite. ごめんなさい.
オプロスティテ

....

3 文のしくみ

【その1言が大切】

　クロアチアをめぐる旅は順調に始まりましたが，ここでビィエラ・ヴォダ社東京支社から添乗員に，クロアチア語の「文」についてみなさまにひとこと説明せよ，との連絡が．そこで，添乗員が説明している間に，ニコラ君には一足先に見学先へ行ってもらうよう，お願いしました．するとニコラ君，次のように答えてくれます．

　Dobro.　いいですよ．
　ドブロ

　この dobro は，英語の good にあたる言葉，「良い」「結構だ」という意味を表し，これ1つで同意や承諾，ときには「すてき！」と賞賛を表現できるスグレものです．さてと，「文」でしたね．えっとつまり，文というのは，話し始めから，「まる」ならぬ「.」，クロアチア語で točka
といいますが，そこまでの，言葉のつながりの単位のことです．書く場
　　　　　　　トチカ
合には，文の最初の語の，最初の1文字を大文字で書きます．これまでに見てきた表現，たとえば "Nikola" je ime. は「文」です．あれ，でもそれならさっきニコラ君の言った Dobro. は文なのか, ですって？　はい，そうです．文は1語でもいいのです．これは1語文といいます．
　　　　　　　　　　　　ニコラ　イェイメ

　また，文は「〜です」と判断を表すばかりでなく，質問を表すこともあります．文字上は，最後の「.」の代わりに「？」の記号を用いて表します．話す場合はイントネーションがやや上向きになります．ですから

　Dobro?　いいですか？

とすれば相手の判断を問う質問の文，つまり疑問文となるわけです．

　さて，ニコラ君を追いかけて，私たちも旧市街にある聖マルコ教会の前に来ました．ニコラ君が入口で係の人に何か尋ねていますよ．

Slobodno?　よろしいですか？
スロボドノ

　これも1語文です．slobodno は「自由な」というのが本来の意味，
ここでは「自由に入っていいですか？」という意味です．Slobodno?
はこの他に，カフェや待合室などで空席を見つけた時，「ここ，いいで
すか？」という感じでも使えます．マナーは大切，ぜひ活用していただ
きましょう．

　さて，教会の入口の人は，ニコラ君に何と答えたでしょうか？

Može.　いいですよ．
モジェ

　またも1語文，この može も，上の dobro と同じように，「いいです」
を表す言葉ですが，može のほうは「可能である」という意味の「いい」
です．さあ，中を見学できるとあって，みなさま，少しざわめきながら
さっそく教会の中へ入ろうとします．すると係の人がすかさず一喝，

Tišina!　静かに！
ティシナ

　お，こわ．tišina は「静寂」という意味の言葉，これ1言で「静粛に！」
という1語文です．この場合のように，文は人への命令を表すこともで
きるのですね．書く場合はたいてい，最後に「！」マークがつきます．

　静かにゆっくり中を見学し終えたら，最後に係の人に Hvala.「ありが
とう」と声をかけましょう．考えてみればこれも1語文ですね．感謝
フヴァーラ
の言葉が大切なのは，万国共通です．

【おいしいものを食べたら】

　旅の楽しみは食にあり，という方，いらっしゃいますよね．わがツアー
ご一行もそろそろ空腹の頃．ではクロアチアの田舎料理の店にご案内し
ましょう．ミシュランガイドの5つ星も顔負けですよ，とやや意味不明
に張り切るニコラ君を先頭にたどり着いたのは，表通りから少し入った
所にあるレストラン．緑に囲まれた中庭の席がよさそうです．

　ご一行がテーブルにつくとニコラ君，店の人にこう呼びかけました．

Jelovnik, molim!　メニューをお願いします！
　　ィェロヴニク　モ　リ　ム

　そう，食べ物や飲み物がいろいろ書かれているアレは，「メニュー」
ではなく，jelovnik と言います．Jelovnik!「メニューを！」だけでも
いいのですが，ニコラ君は少し丁寧に，molim「お願いします」という
言葉をつけました．molim はもちろん，Molim. という1語文でいろい
ろな「お願い」を表す場面で使うこともできますよ．さて，メニューな
らぬ jelovnik を見ると，う〜ん，ダルマチア産の生ハムに，羊のチーズ，
パプリカサラダ，豆料理に肉料理と，どれもおいしそう！　みなさまワイ
ワイいいながら，ニコラ君に説明してもらってようやく注文を終えた
ご様子．では，お料理が来るまでの間に，準備をしておきましょう．準
備って？　おいしいものを食べたら「おいしい」と言いたくなるでしょ
う，だからその準備．まずはこれ．

Dobro je.　おいしいです．
　ドブロ　ィェ

　dobro は「いい，結構だ」という意味で，この1語で文になるのでし
たね．けれど「〜です」を表す je と一緒に使って2語で文を作ること
もできます．目下食べ物の話題ですから，dobro は「おいしい」の意味

になります．この dobro の部分を変えて

　Ukusno je.　おいしいです．
　ウクスノ

のような文を作ることもできます．ukusno は「美味である」という意味の言葉，手料理をごちそうになったら，お世辞に，じゃない，心をこめて，こう言わなくては．あるいはこんな言い方も．

　Odlično je.　すばらしいです．
　オドリチノ

　これも同じ作りの文です．odlično は「卓越した，すばらしい」という意味の言葉なので，食べ物以外のさまざまな物事について広く使えます．

　さて，注文した料理がきて，食事が始まりました．おいしいでしょう？　すると今度は「これはおいしいです」といいたくなりませんか？　きっとそうでしょう，これも簡単，上の文に ovo「これは」を足せばいいのです．
　　　　　　　　　　　　　　　　　　　　　　オヴォ

　Odlično je ovo.　これはすばらしいです．

　これで完成．あるいは語の順序を入れ替えても大丈夫．

　Ovo je odlično.　これはすばらしいです．

　語の順序を入れ替えても大丈夫なところは，日本語と多少似ていませんか？　と，あらら，みなさま食事に夢中で，誰も添乗員の説明を聞いていないみたい．あ，そのチーズ残しといてください！

【これは何？】

　食事の後は，青空市場をひやかしに行きましょう．ここには 1 年中，新鮮な野菜と果物，花がいっぱいなんです，とニコラ君，所狭しと並ぶ露台の間を器用に通り抜けて行きます．さてここで，この野菜は何ていうのかしら，とツアーのお客さまの声．そういう時は，ですね，

　Što je ovo?　これは何ですか？
　シトィエ オヴォ

と聞けばいいんです．そう，što は「何？」という疑問を作る言葉，ovo はもうよろしいですね，なので što と ovo を je「〜です」でくっつければ，「コレハ何デスカ？」という疑問文になるのです．さっそくお客さまの 1 人が実践，近くの露台にあるモノを指して Što je ovo?　すると露台の向こうからこんな答えが返ってきました．

　Ovo je krastavac.　これは krastavac です．
　クラスタヴァツ

　もし今お客さまが指したモノが，これまで見たこともない野菜だったら，krastavac といわれても，何のことかわかりませんね．その場合はさらに，

　Što je krastavac?　krastavac とは何ですか？

と，さらに食い下がってみる．そうすれば，食べりゃわかるよと試食させてくれるかも．それはともかく，Što je 〜 ? の「〜」の部分にいろいろな言葉を入れれば，そのモノが一体何なのかを尋ねる文ができる，というのはおわかりですね．幸い，今お客さまが指したモノは，誰が見てもキュウリなので，この場合，なるほどキュウリは krastavac というのだ，とわかるわけです．

　モノの尋ね方が出てきたので，ついでに人の尋ね方も覚えておきましょう．「誰ですか？」と尋ねる場合には，što ではなく tko を使います．

　Tko je ovo?　　これは誰ですか？
　　トコ

　答え方はモノの場合と同じ，ovo je 〜となります．そして，と．あれ？

　Ovo je Marina.　　これはマリーナです．
　　　　マリーナ

　しまった．聞かれもしないのに，ニコラ君がカノジョの写真を取り出してみなさまにお見せしています．ふむ，確かに魅力的な笑顔の女性が写っています．でもこの写真の場所，どこだろう？　どこかで見たような．場所を尋ねる言葉はすでに出てきましたね，gdje です．ではこれを使ってニコラ君に，この写真の場所がどこか，聞いてみましょう．
　　　　　　　　　　　　　　　　　　　　　　グディエ

　Gdje je ovo?　　これはどこですか？

　するとニコラ君の答えはこうでした．

　Ovo je Dolac.　これはドラツです．
　　　　ドラツ

　Dolac とは，他ならぬ，今私たちがいる，ザグレブの中央市場のこと．なぁんだ，ここで写した写真だったんですね．

　せっかく覚えた što，tko，gdje といった疑問文を作る言葉，フル活用して，いろいろ尋ねてみましょう．返ってきた答えがわからない？　そんなの気にしない，気にしない．言葉は，まず使ってみることです．

【これはキュウリですか？】

おや，さっきのお客さま，まだしげしげと露台の上の野菜を眺めていらっしゃいますよ．どうしたのでしょう？　「これは何か」を尋ねる言い方はわかったけれど，それなら，これはキュウリですか，と聞きたいときはどうすればいい？　ああ，そんなことにお悩みでしたか．一番簡単なのは，さっきの文をそのまま使います．

Ovo je krastavac?　これはキュウリですか？
オヴォ イエ クラスタヴァツ

この場合には，尋ねたい部分，ここでは最後の krastavac が少し高い音調で発音されます．書く場合にはもちろん，文末に？をつけるだけですね．でも，こんな言い方もあるんですよ，とニコラ君がやってきて，こう口を挟みました．

Je li ovo krastavac?　これはキュウリですか？
ィエ リ

je が ovo を飛び越えて文の先頭に出てきました．他は同じ？　ではなくて，1つ語が増えていますね．je と ovo の間に，li という語が入っています．この li は日本語の「か？」のように，質問であることを示す役割をはたします．なので Je li ～? で「～ですか？」．そしてこの li，恥ずかしがり屋なのか引っ込み思案なのか，文の先頭には決して現れず，疑問文の出だしの語の後にぴったりくっついて出てくるのです．

この Je li ～のようなタイプの質問は，「はい」か「いいえ」の答えを期待する文，ですから，上の問いに対して予想される答えは――

Da, ovo je krastavac.　はい，これはキュウリです．
ダ
Ne, ovo nije krastavac.　いいえ，これはキュウリではありません．
ネ　　ニィエ

　このどちらかのはず．Da と Ne はそれぞれ「はい」と「いいえ」です．
「いいえ」の答えの文では je が nije に変わっているのにご注意ください．
この形，前にも出てきましたが，je を否定したもので，「〜ではありま
せん」という言葉です．

　ところで，「はい」「いいえ」を問う疑問文には，もう 1 つ，こんな形
のバリエーションもあるんです．

　Da li je ovo krastavac?　これはキュウリですか？

　ここでは文の先頭に，すぐ上で見た「はい」の答えの Da と同じ形を
した語が置かれていますね．ちょっとまぎらわしいですが，こちらの
Da は「はい」の意味を表すわけではありません．これを文の先頭に置き，
そのすぐ後ろに，引っ込み思案君の li を続け，つまり Da li 〜という形
を作って，これで「〜か？」と尋ねる疑問文になるのです．ただし Da
li 〜の形は što や tko などの疑問の言葉を使う疑問文には用いません．

　以上の話をとりあえず整理しましょう．「はい」「いいえ」を問う疑問
文には，普通の文をそのままの形で質問に使う，引っ込み思案の li を
挿入する，Da li 〜という疑問文の形を作る，といったパターンがある，
というわけです．はい？　なんかイマイチよくわからないけど，キュウ
リを krastavac というのだけはよくわかった？　はあ，ま，それも 1 つ
の成果かと．

【サモボールのケーキ】

　今日はザグレブ近郊に足を延ばします．行き先は Samobor サモボール，ザグレブの西，Žumberak ジュンベラクという山のすそ野に位置し，古くから職人の町として知られています．ニコラ君に案内をまかせましょう．

　Samobor je grad.　サモボールは町です．
　　　　グラード

　grad は「町」，je を使った「A は B です」という文ですね．でも私たちのツアーもだいぶ進んできたことだし，もう少し変化に富んだ説明がほしいなあ．ならば，とニコラ君——．

　Samobor je grad i ovdje je centar.　サモボールは町でここは中心です．
　　　　　　　　イ オヴディエ　　ツェンタル

　お，文が長くなりました．最初の文の後につけ加えられた部分，先頭に i という母音 1 つの語があります．これはつなぎの言葉，「そして」を表します．i の後も文になっているので，これで 2 つの文が 1 つにつながったわけです．後の方の ovdje je の表現はもうよろしいですね，centar は「中心」です．では次はどんな説明でしょう．

　Samobor je grad a Žumberak je planina.
　　　　　　　　ア ジュンベラク　　プラニナ
　サモボールは町でジュンベラクは山です．

　こんどは i ではなく a が出てきました．i と同じように，a の前後に文が置かれています．planina は「山」．この a も i と同じくつなぎの言葉で，日本語にすると「そして」のようになりますが，i が単に「A そして B」と，2 つのモノをつなげるのに対して，a はつなげる 2 つのモノや話題の間に「A，一方 B」のように，対比のニュアンスをもたせま

す. サモボールは何かというと町で, 一方ジュンベラクは何かというと
山だ, という意図で a が使われたわけです.

　もちろん, この i や a などのつなぎの言葉は, 文と文だけでなく, 語
と語をつなげる役割もはたします. そうですね, とニコラ君の声, だっ
たらこうしましょう.

　Kolač i sladoled, i kava i čaj.　ケーキとアイス, そしてコーヒーとお茶.
　　コラチ　スラドレド　カヴァイ　チャイ

　は？　突然話題が変わったと思ったら, ニコラ君, いつの間にかみな
さまを町の中心広場のケーキ屋に案内しています. ま, 無理ないか, サ
モボールの kolač「ケーキ」は有名だし sladoled「アイスクリーム」も
おいしいから. でも両方食べて, さらに飲み物も kava「コーヒー」と
čaj「お茶」を注文するつもり？　欲張りすぎません？　こうしてはど
うでしょう？

　Kolač ili sladoled, i kava ili čaj.　ケーキかアイスそしてコーヒーかお茶.
　　　イリ

　kolač と sladoled, kava と čaj の間が i から ili に変わりました. ili は「ま
たは」, ili の両側のモノをどちらか選択するつなぎの言葉です. すると
フン, とニコラ君, こんな手で逆襲してきました.

　Kava ili čaj, ali kolač i sladoled.　コーヒーかお茶, でもケーキとアイス.
　　　　　アリ

　ali は「でも, しかし」という, 前後の内容を反転させる言葉. つまり,
コーヒーかお茶はどちらかにするけれど, ali「でも」ケーキとアイス
はどっちも？　ううんと, もうその後の反論の言葉が出ません. とにか
く i, a, ili, ali などを使って語や文を長くつなげていくことができる
ようになりましたね.

コラム
基本的な文法用語について

....

　明日はザグレブから移動する日．添乗員がこの先必要なモノのチェックリストを作っていると，ニコラ君がやってきてリストを覗き込みます．この先必要なモノ，項目１，ヒンシ，何ですか，これ？　何って，この先のツアーで見ていくクロアチア語のしくみをみなさまに説明するために必要な文法用語です．ヒンシって，文法用語なの？　瀕死？　そのヒンシではありません！　品詞．言葉を種類ごとに分類する名札みたいなものです．すると，あ，わかった，名詞とか形容詞というやつですね，とはニコラ君，意外に理解が早い！　そうです，たとえば「ホテル」「歯ブラシ」などモノの名称は「名詞」という品詞に分類されます．名詞を修飾する「美しい」「小さい」のような言葉は「形容詞」，動きや状態を表す言葉は「動詞」という品詞に分類されます．ふむ，動詞とはつまり，見る，食べる，愛する，だな．おお，すばらしきかな人生！　なんていうニコラ君は無視して，作業を続けましょう．品詞には他に，「それ」「彼」のように，名詞の代わりに用いられる「代名詞」，「ゆっくり」「いつも」のように，動詞が表す動きや状態を修飾する「副詞」などがあります．

　さて，品詞はこれくらいにしておいて，必要なモノの項目２，と，またもニコラ君が口出しします．ケイタイ？　携帯なら持ってますよって，そのケイタイじゃないの！　形態．語の形や，語を作るパーツの形のことを，文法用語ではわざわざ形態と言うのです．そしてそれらにも，語を作る役割によって名札がつけられるのです．ふうん，ならケイタイにもナントカ詞とかあるんですか？　ひょっとしてモシモ詞，とか？　うぉっほん，たとえば（と気をとりなおして）日本語の「食べる」は食べる，食べない，食べた，食べよう，といろいろ形を変えますね．

....

でも，実際には「食べ」という形態は同じで，その後に続く部分が変わるわけです．実はクロアチア語にも，1つの語の後ろの部分が形を変えるしくみがあり，これが意味の通じる文を作るうえで，とても重要な役割をはたすのです．日本語の「食べ」のように，語の中で変化しない部分を「語幹」，その後ろの変化する部分を「変化語尾」あるいは単に「語尾」といいます．これが形態の特徴から見た分類の仕方．

でも，こんなふうに言葉をいろいろブンルイして，何か意味あるのかなあ，とニコラ君．そりゃ，ありますよ，分類すなわち「分ける」は「分かる」に通じるって言うでしょう？　言わない？　あ，そう．でも，こうして分けてみることで，言葉のしくみが分かるのです．もしくは，言葉にはしくみがある，ということが，分かるのです．

なるほどと神妙にうなずきつつ，ニコラ君さらにリストに目をやって，スウトニンショウ，こりゃどこの言葉だ？　日本語です．数と人称．数はモノが1つか，2つ以上あるかの区別．それって，数のこと？　とまたニコラ君．ええ，意味的にはそうですけど，数は，1つの場合の単数と2つ以上あるときの複数を区別する時の言い方です．なんで数って言わないかなあ，だって？　あのね，単数，複数，整数，分数，素数，虚数，仮数，物価指数，数はスウなの！　……（やった！　ニコラ君を黙らせたぞ）．そして人称とは，話し手自身の「私」，聞き手の「あなた」，それ以外の第三者を区別するもの，順に1人称，2人称，3人称と名札がついています．またそれぞれの人称には「私」と「私たち」のように単・複の区別があります．

変化と形態，要するに合わせて変態かぁ．ちょっと，ニコラ君！　これらは，とても重要なのですよぅ（涙）．

コラム

クロアチア語の３大特徴

....

　わがビィエラ・ヴォダ社の企画するツアーの３大特徴といえば「楽しい」「おいしい」「ためになる」でございます．おほん．一方，クロアチア語の３大特徴といえば，調和，呼応そして変化．おお，さながらこの複雑な現代を生き抜くための哲学のよう，と，なんだかニコラ君みたいになってきた．以下にきちんとご説明いたしましょう．

１. 調和．モノゴトが互いに和合していること，これが調和の意味でございます．つまり仲よくすること．ではクロアチア語の調和とは？　たとえば「明るい月」「明るい星」「明るい太陽」と３つ並べたとします．どれが一番明るい？って話ではなく，クロアチア語では，「明るい」がこの３つの場合で少しずつ違う形になります．なぜか？　実は，クロアチア語の名詞は，形態上の特徴から３つのグループに分類され，例に挙げた「月」「星」「太陽」はそれぞれ異なるグループに含まれるのです．そして次が重要なのですが，名詞を修飾する形容詞は，名詞がどのグループに含まれるかによって，それに調和して形を変えるのです．また，同じ「明るい星」でも，「星」が１つだけの単数の場合と，満天の星空の複数の場合で，まず名詞の形が多少違ってきます．そしてそれらに合わせて「明るい」の形も変わります．要するに，名詞の文法的な特徴に合わせて，それを修飾する語の形も変わる，これが調和の心なのです．

２. 呼応．呼びかけや合図に応じること，これが呼応の意味でございます．ホームで駅員さんが旗をふって電車が発車，なんていうのも呼応の１種．ではクロアチア語の「呼応」とは？　「歌う」という動詞を使った文を考えてみましょう．「私が歌う」「あなたが歌う」「ニコラ君が歌う」と，誰が歌う話かによって，「誰が」の部分が変わりますね．この時，歌い

....

手に呼応して「歌う」の形が少しずつ変わります。といっても，歌い手が「ニコラ君」から「ニコラ君のお父さん」に交代しても，「歌う」の形は変わりません。なぜか？　呼応の合図の決め手になるのはまず，人称，つまりワタシ，アナタ，それ以外の第三者，という区別だからです。ニコラ君もお父さんも，私たちからすれば第三者の3人称，なので動詞のほうに引き起こす反応は同じなのです。けれどニコラ君1人で歌う場合と，ニコラ君とお父さんが一緒に歌う場合では，「歌う」の形は少し違ってきます。どういうこと？　実は，人称の単・複，つまり私と私たち，彼と彼らといった区別も，呼応の合図の決め手となるのです。この，「誰が」する動作かによって動詞の形が変わるという特徴，呼応の精神も，とても重要なのです。

3．変化．あるモノゴトがそれまでと違う状態になること，これが変化の意味でございます。上の調和や呼応の中で，形容詞や動詞の形が変わるのも，変化。この他にも変化があります。「星が光る」「星を見る」「星に願いを」「星のしずく」など，日本語では名詞の後ろに「が，を，に，の」などをくっつけて，文の中での役割や他の語との関係を示しますね。クロアチア語では，この「が，を，に，の」などの意味は，名詞の最後の部分を少しずつ変えることで表されます。また，「と一緒に」「の上に」「の下に」のように，語と語の関係を示すための言葉があり，そうした言葉と一緒に用いられるときにも，名詞は変化します。この変化を間違えると意味不明の話になってしまうのです。

　調和，呼応，変化．クロアチア語のしくみの‘哲学’とともに，この先の旅を続けてまいりましょう。

首都ザグレブを走る市電の停
留所にはこんなSマークの
標識が立っています．ここは
Zrinjevacズリニィエヴァツと
いう停留所．その下の数字と文
字は，ここを通る市電の番号と
行き先を示しています．6番の
Črnomerecチュルノメレツ行
きと13番のŽitnjakジトニャ
ク行き．乗り間違えのないよう
に！

1 区別のしくみ

【町と村の違いは？】

　ツアーは，ザグレブとニコラ君にお別れし，アドリア海側を北から南へと下る行程に入りました．まずは一番北のイストラ半島，そのど真ん中にある Pazin パジンに到着です．見どころは，丘の上に立つ封建時代の城塞，眼下にのどかな田園風景が広がります．さて，ザグレブでニコラ君から託されたニワトリ柄の旗を持って，と，お客さまからパジンは町か村か，というご質問が．では，まずその疑問文を作りましょう．

Je li Pazin grad ili selo?　　パジンは町ですか，村ですか？
イェリ　パジン　グラード　イリ　セ　ロ

　selo は「村」，ili は A か B かを問うつなぎの言葉でしたね．えっと，パジンは行政上「町」，なので答えは Pazin je grad.「パジンは町です」．
　では，ここでクイズ．「町」と「村」の違いは何でしょう？　はい，人口の違い？　道ばたにニワトリがいるかいないか？　いえいえ，そうではなくて，grad と selo，それぞれの最後の音（文字）を見てください．d と o ですね．これが違い．なんだバカバカしい！とおっしゃらずに．これがバカバカしくないのです．先にクロアチア語の名詞は形態上，3つのグループに分けられるとお話ししましたね．そしてその区別に応じて調和の心が働き，形容詞の形が変わる，と，ここでちょっと実験．今，町と村に「小さい」という形容詞をつけてみます．すると？

mali grad　　小さい町　　　　　malo selo　　小さい村
マ　リ　　　　　　　　　　　　　　　マ　ロ

　こうなります．いかがです．おなじ「小さい」という形容詞が mali と malo，最後が違った形になっていますね？　ということはつまり？　そう，grad と selo は異なる名詞のグループに含まれる，ということなのです．そしてその分類に，grad と selo の d と o の違いが深く

関わるのです．では次に，眼下に見えるあの光っているモノ，あれは何
でしょう？　川？　そうです．rijeka「川」です．後で訪れる予定になっ
ている町 Rijeka リエカと同じ名詞です．ここで実験その２，川にも同
じ「小さい」という形容詞をつけてみます．するとこうなります．

mala rijeka　小さい川
　マ　ラ

「小さい」の形がまた変わりました．mala となりましたね．つまり
rijeka は grad とも selo とも違う，第３のグループに属する，というこ
とです．は？　でも別の形容詞にしたら，また違う結果になるのでは，
とお疑いで？　人のいうことを安直に信じない，結構な心がけです．で
は別の語で追実験を．ここは Istra イストラですね．Istra は地名なので
最初の I は大文字です．この Istra に「イストラの」という形容詞があ
りますので，これで実験をばいたしましょう．

istarski grad　　イストラの町
イスタルスキ
istarsko selo　　イストラの村
イスタルスコ
istarska rijeka　イストラの川
イスタルスカ

「イストラの」という形容詞の場合，i は大文字にはしません．さあ
先ほどの実験結果と比べてください．形容詞の最後の部分，同じでしょ
う？
　先ほど grad と selo の違いは，d と o にある，と申しましたが，それ
と同じように，rijeka の a も区別に関わるのです．つまり，名詞のグルー
プ分けには，名詞の最後の音が鍵を握る，ということなのです．

【月と星と太陽】

　名詞のグループ分けに最後の音が重要だって話だけど，とお客さまの
１人が並んで歩きながらご質問されます．私たちはバジンから南に向か
う途中，バスをおりて遊歩道を歩くことにしました．さて，前に聞いた，
月と星と太陽も，dとaとoで終わるのかな，ですって？　うーん，記
憶力のよろしい方ですね．でもちょっと違います．

　まず，名詞の３つの区別ですが，これには男性名詞，女性名詞，中性
名詞という名札がつけられています．ここで男性とか女性というのは，
生き物の性別とは全く別のもの，とお考えください．たとえば，すでに
見た grad は，男性に区分される名詞です．形容詞をつけると，
　　　グラード

　veliki grad　　大きい町
　　ヴェリキ

となります．veliki「大きい」は男性名詞に合わせた形です．さて「月」
は mjesec です．これに同じ「大きい」をくっつけるとこうなります．
　　　　　　　ミェセーツ

　veliki mjesec　　大きい月
　　　　ミェセーツ

やはり veliki です．つまり mjesec も grad と同じく，男性名詞な
のです．男性名詞であるためには，別に最後が d でなくてもいいので
す．もう少し，話を広げましょうか．みなさまのバス autobus，ご宿
　　　　　　　　　　　　　　　　　　　　　　　　　　　アウトブス
泊の hotel，お客さまが今朝お使いのひげ剃り brijač，食事の時に必要
　　ホテル　　　　　　　　　　　　　　　　　　　　ブリヤチ
なナイフ nož，これらは全部，男性名詞です．どんな共通点があるで
　　　ノージ
しょう？　最後の音にご注目ください．s, l, č, ž, それに grad の d,
mjesec の c．どれも母音でない音，つまり子音ですね．これが分類の
決め手．子音で終わる名詞は，大部分が男性名詞に含まれます．

　次に，星は zvijezda といいますが，あ，ほら西の稜線のすぐ上空に
　　　　　　ズヴィエズダ

星が. 宵の明星でしょうか，とても大きく輝いていますね.

 velika zvijezda 大きい星
 ヴェリカ

 さあ，この a で終わる形は，さっき見た mala rijeka と同じですね.
そしてこれら a で終わる名詞は，女性名詞というグループに分類されま
す. はい？ 月が男性で星が女性って, ロマンティック？ でも, この(と
ニワトリ柄の旗を指さす添乗員) 旗 zastava も, こっちのおんぼろのバッ
グ torba も女性ですけど. いずれにしても，形容詞も仲よく最後が a に
なります.

 そして太陽は sunce ですが，これにも「大きい」をつけてみると,

 veliko sunce 大きい太陽
 ヴェリコ

 名詞は e で終わっていますが, 形容詞の最後は o です. これはさっき
の malo selo, istarsko selo と同じ語尾，ということは，selo と sunce
は同じグループに含まれるの？ その通りです. selo や sunce のように,
o や e で終わる名詞は，中性名詞というグループに分類されるのです.

 あのう，と話を聞いていた別のお客さま，私，veliko sunce より
velika sunce という響きのほうが好きみたいなんだけど，だめ？ あの
ですね，名詞に合わせる形容詞の形は，しくみで決まっているのです.

 svijetli mjesec   明るい月
 スヴィエトリ
 svijetla zvijezda 明るい星
 スヴィエトラ
 svijetlo sunce   明るい太陽
 スヴィエトロ

 こんなふうに, 他の形容詞，たとえば「明るい」を使っても同じこと,
勝手に変えたら天罰が下ります！

【ニワトリと秋に注意】

　イストラ半島の南端にある町 Pula プーラにやって来ました．古代ローマ時代に建設されたこの町には遺跡が数多くあります．それらを見学した後，海を見下ろすカフェで休憩です．でもさっきからワインを片手にぶつぶつ言っているお客さまが．何かお気に召さないことでも？　いやね，zvijezda は女性名詞で，形容詞もそれに合わせて velika のように
スヴィエズダ　　　　　　　　　　　　　　　　　　　　　　　　　ヴェリカ
なると聞いたから，ビィエラ・ヴォダっていうお宅の社名も，これと同じなのかな，と．はい，そのとおりです．Bijela Voda の voda「水」
　　　　　　　　　　　　　　　　　　　　　　　ビィエラ　ヴォダ
も a で終わっていて，女性名詞です．なので「冷たい」と「暖かい」という形容詞をつければ，それぞれこうなります．

　hladna voda　　冷水　　　　　　topla voda　　お湯
　フラドナ　　　　　　　　　　　　　トプラ

　ああっ，とそこで叫び声が．どうしました？　ホテルでお湯が出ないと思っていたけど，水道のコックを hladna voda のほうにしてた！　こういう言葉はもっと早くに教えてよ！　し，失礼しました．それと同じように bijela「白い」も（と，素早く話題をそらす添乗員）voda に合わせた形です．ではこれを使って，おさらいクイズとまいりましょうか．いまお客さまがお飲みのものはワイン，クロアチア語では vino と言います．さてこれはどのグループの名詞でしょう？　o で終わってるから
　　　　　　　　　　　　　　　　　　　　　　　　　ヴィノ
中性！と一斉に答えが返ってきます．その通り．では「白ワイン」はどうなるでしょうか？　えっと，voda のような女性名詞に合わせた形の「白い」が bijela で，vino は中性だから，「白いワイン」はたぶん，こうかな？

　bijelo vino
　ビィエロ

　大正解！　では，お客さまがワインのつまみにむしゃむしゃ召し上がっているパン，おいしいでしょ，ただのパンなのにおいしいんですよね，クロアチアのパン．でもって，パンは kruh ですが，これはどのグループ？　kruh の最後は h で，これは a でも o でも e でもないから，男性名詞？　お隣のお客さま，みごと正解をお答えです．ならば「白パン」は？　ええっと bijela voda に bijelo vino ときたから，たぶん「白パン」は，こうでしょ？

　　bijeli kruh
　　ビィエリ

　またまた大正解！　と，そこでまたぶつぶつワインのお客さま，パンを口に放り込んでぶつぶつ．その声に耳を傾けてみると，さっき，子音で終わる名詞は大部分が男性名詞だって聞いたけど，大部分，てことはそうじゃないものもあるってことかな？　ああ，やはり気がつかれたようですね．そうです，実は，数では劣勢ですが，子音で終わる女性名詞があります．たとえば（とニワトリの旗をしげしげと眺めて）この絵はオンドリですが，メスのニワトリつまりメンドリは kokoš，最後の音は š ですが女性名詞です．はい？　それはメスだからでは？　そのご指摘も一理ありますが，ほかに jesen「秋」，noć「夜」，nit「糸」なども，女性名詞です．そのため形容詞の形は，次のようになります．

　　mala kokoš　小さなニワトリ　　　lijepa jesen　美しい秋
　　マラ　　　　　　　　　　　　　　　リィエパ

　rijeka や voda のような a で終わる名詞に合わせる形と同じですね．つまり，逆にいえば，名詞だけでは男性か女性かわからなくても，形容詞がつけば女性名詞であるとわかる，ということです．

【これ，それ，あれ】

　絵葉書を買いたい，というお客さまの要望に答えて，みなさまを売店にお連れしました．絵葉書は razglednica といいます．どのグループの名詞か，もうおわかりですね？　女性名詞です．あれ，あちらで困ったような表情のお客さま．どうされました？　この絵葉書もいいけれど，そっちのもいいし，むこうの絵葉書もいいなと思って，と，少し離れた棚にある絵葉書と，店の奥の棚に飾られたものを順に指さされます．なるほど．こういう場合，日本語ならコレ・ソレ・アレという，物事を指し示す言葉を使い分けますね．実は，クロアチア語にもこれと同じものがあるのですよ．まずは，手元にある絵葉書ならこんな感じ．

　ova razglednica　　この絵葉書
　オヴァ

ova は「この」という意味で，ここでは名詞 razglednica に対して形容詞のように働きます．ova と，最後が mala や bijela と同じように a になっている点にご注意ください．では，少し離れたところのものなら？

　ta razglednica　　その絵葉書
　タ

ta は「その」の意味，やはり a で終わる形になっています．そして，

　ona razglednica　　あの絵葉書
　オナ

ona はさらに遠い「あの」です．つまり ova, ta, ona で「この，その，あの」の区別を表すことができるわけです．

　では，指し示すものが違ったらどうなるでしょう？　たとえば，ここには，きれいな石のはまった指輪 prsten も並べられています．こっちのケースにも，そっちにも，奥のウィンドウにも．ちょっと指にはめて

みたくなりますね. そこでまずはこういってみましょう.

　Pokažite ovaj prsten.　この指輪を見せてください.
　ポ カ ジ テ オヴァイ

　最初の pokažite は「見せてください」という動詞, そのすぐ後に, 見せるモノを表す言葉がきます. ここで ovaj prsten という形にご注目. prsten は男性名詞です. そして, それに合わせた「この」が ovaj です. さっきの ova が ovaj に変わりました. 次は「この」を「その」「あの」と変えてみましょう.

　Pokažite taj prsten.　　その指輪を見せてください.
　Pokažite onaj prsten.　あの指輪を見せてください.
　　　　　　オナイ

　男性名詞に合わせた「この, その, あの」は ovaj, taj, onaj なのです.
　あのう, と絵葉書を見ていたお客さまがこちらに来ました. 前に「これは」という形で出てきた ovo って, もしや ova や ovaj と同じ言葉なのでは? おお, お見事! その通り, ovo は実は「この」という言葉の, 中性名詞に合わせた形で, ovo selo「この村」のように使うのです. ただし, ovo はこの形で何かの名詞の代わりに「これは」と, モノを指し示す場合にも使えるのです. ではついでに, 同じように中性名詞に合わせる形で,「それは」「あれは」としても使える形を, 予想していただけますか? するとお客さま, 少し考えてから, ova, ovaj が ovo, だから, ta, taj からは to, ona, onaj は ono とか? せ, 正解! すばらしい, お客さま! あのう, 我が社に就職しません?

【オとエの問題】

　プーラから再び北上して Rijeka リエカに到着，そう，「川」という名の町です．みなさまが町を散策している間に添乗員は昼寝を，と思ったら，起こされてしまいました．ふぁい？　指輪がどうしたって？　あのね，私の指輪ってどういうのかと思って，とお客さま．ふぁい．前に「私のスーツケース」というのが出てきたの，覚えてます？

　　moja prtljaga　　私のスーツケース
　　　モ　ヤ　プルトリャガ

　あのときはただ moja を「私の」としましたが，今はここから「私の指輪」がどうなるか，ご自分で考えてください，ふぁ〜．ちょっと！　質問！と，お，お客さまの声が耳元で炸裂．もー，ぬゎんです？　moja prtljaga は女性名詞の形でしょっ？　だったら prsten「指輪」に合わせ　　　　　　　　　　　　　　　　　　　　　　　　　　　　プルステン
るには，moja の最後の a をとるのっ？　でその後ろに i をくっつけるのっ？　おやお客さまも，ことばのしくみ解明にハマってきたご様子，とあらば添乗員も昼寝どころではありませんね．はい，moja から a をとった moj が男性名詞に合わせた「私の」の形です．ovaj と同じく j　　　　　　　　　　　　　　　　　　　　　　モ　イ
で終わります．なのでこうなります．

　　moj prsten　　私の指輪

　ではついでに「私の村」はどうなるか予想してください．はん，簡単，moja selo でーす！と元気いいお返事ですが，残念でした．mojo ではないのでーす．

　　moje selo　　私の村
　　　モィエ　セロ

　ええ !?　中性名詞が o で終わっても e で終わっても，形容詞の語

尾は o だったじゃない！　malo selo, veliko sunce って！　なのに，今度は名詞に合わせる形が o じゃなくて e なの？　はいはい，まあ落ち着いてください．たしかに，中性名詞には o で終わるものと e で終わるものがあります．頭上の空 nebo も，今日の前に見える海 more も，ひとしく中性名詞．なので，これらに合わせる形容詞の形は，同じです．

lijepo nebo　　　lijepo more　　　lijepo sunce
リィエポ
美しい空　　　　　美しい海　　　　　美しい太陽

さっきのコレとかソレ，アレでも同じことですね．

ovo nebo　この空　　to more　その海　　ono sunce　あの太陽
オヴォ　　　　　　　ト　　　　　　　　オノ

いずれも，名詞を修飾するほうの語の最後は o です．

　一方，形容詞や，形容詞と同じように名詞を修飾する「私の」のような語にも，中性名詞に合わせる形が o になるものと e になるものがあるのです．どちらになるかは語によって決まっています．moj の場合は

moje nebo　私の空　　moje more　私の海　　moje sunce　私の太陽
モィエ

名詞の最後が o か e かは関係なく，要点は，moj という語が中性名詞にくっつく場合，その最後が e になる，ということです．moj の m を tv に変えると tvoj「あなたの・君の」という，2 人称のあなたが持ち主であることを表す言葉になりますが，これも moj と同じように形を変えますよ．

tvoj autobus　君のバス　　tvoja knjiga　君の本　　tvoje selo　君の村
トヴォイ　アウトブス　　　トヴォヤ　クニィガ　　　トヴォィエ

そして，私の眠り moj san はどっかへいってしまった……．
サン

'実は' のケース

……………………………………………………………………………………

　クロアチア語では名詞の単数形の一番最後の音は，何かの子音か，母音のaかoかeのどれかです．クロアチア語固有の語にはiやuで終わる単数の名詞はありません．そして，名詞が男性・女性・中性のいずれのグループに属するかは，最後の音でほぼ決まるわけです．ただし，最後が子音で終わる名詞には，男性と女性が混ざっているので，気をつける必要があるのですね．その他，わずかですが，いろいろな'実は'，つまり例外的なもの，あるいは例外に見えるものがあります．たとえば，上で述べたようにiで終わる単数名詞はクロアチア語には本来ありませんが，juni「6月」，juli「7月」など，外来起源の語では，最後がiになる男性名詞がごくわずかあります．またaで終わる名詞はほぼ自動的に女性名詞ですが，'実は'男性名詞もあります．Luka，Ivica，それからほら，我らがニコラ君のNikolaのような，男性の人名がそうです．あの能天気，失礼，陽気なニコラ君に「陽気な」という形容詞をつけるとどうなるでしょう？

　veseli Nikola　陽気なニコラ
　ヴェセリ

　男性名詞に合わせた形になります．男性の人名には，Hrvoje，Mate，Ivo，Mirko などeやoで終わるものもあり，これらも語尾だけ見ると中性名詞のようですが，男性名詞です．普通名詞では posao「仕事」のようにoで終わるけれど，中性でない名詞もあります．これは，みかけの例外といいますか，古い形は posal とlで終わる形をしていたのが歴史の中で音が変化し，語末の子音lがoに変わってしまったものです．それで一見中性名詞のように見えますが，もとのまま，男性名詞です．

……………………………………………………………………………………

コラム

e になる中性形

....

　「私の」の中性名詞に合わせる形が moje になる話で，ツアーのお客
さま，ちょっと動揺された様子．もしかして，中性名詞に合わせる形が
veliko のように o になるか，moje と同じように e になるか，形容詞
ヴェリコ
1 語 1 語について覚えなくてはならないと思われたのでしょうか？　実
はそんな大変な話ではないのです．中性形で o になるか，e になるか，
その選択は，語の変化しない部分，つまり語幹の最後の子音で自動的に
決まるのです．vruće「暑い」，tuđe「他人の」，loše「悪い」などの語
　　　　　　　ヴルチェ　　　　トゥジェ　　　　ロシェ
幹の最後の音 ć，đ，š や srednje「中間の」の nj のように，口の中の
　　　　　　　　　　　　スレドニィエ
上あごの方に舌が近づいて発音される音では，中性形が e になり，それ
以外の子音を語幹の最後にもつ形容詞では o になる，というしくみな
のです．視覚的に，ふつうのアルファベットに変な記号のついた文字が
出てきたら，まずこのタイプ，と覚えるのも 1 つの手かもしれません．

　ツアーの中では，「私の」moj の場合を見ましたが，「私たちの」を
表す naš や「あなた方の」を表す vaš も，中性名詞に合わせる場合で e
　　　　　ナシ　　　　　　　　　　　　　　ヴァシ
の語尾になる語のグループに含まれます．これらを使って，名詞に合わ
せる形を作りますと，下のとおりです．

naš autobus	naša zvijezda	naše selo
アウトブス	ナシャ ズヴィエズダ	ナシェ セロ

vaš autobus	vaša zvijezda	vaše selo
	ヴァシャ	ヴァシェ

　このように，男性名詞に合わせる形では，š の後ろに何もつきません．
女性に合わせる場合には，moja や形容詞一般と同じように，a がつき
ます．

....

【セーニの風】

　アドリア海沿岸には島や入り江が多く，古い時代から港が発達しました．私たちがいるここ Senj セーニも，戦略上の拠点として歴史上重要な役割をはたした港町です．古い石畳の街路を歩いてみませんか．はい？　すごく風が強い？　はい，アドリア海沿岸部には，アルプスから吹き下ろす bura と呼ばれる北風か，さもなくば地中海から吹き上げる jugo という南風が吹き，セーニも強風で有名な町です．ではクイズ．bura と jugo，それぞれの名詞のグループは？　最後の母音を見れば，bura が女性，jugo は中性とわかりますね．それではこれらを使って文を作りましょう．

　Jaka bura puše.　強いブーラが吹く．
　ヤーカ　ブーシェ
　Jako jugo puše.　強いユーゴが吹く．
　ヤーコ

　文の最後の puše は「吹く」という動詞，bura と jugo の前の jaka，jako が「強い」という形容詞です．それぞれ，bura と jugo に合わせて形を変えていますよ．ではさらにクイズ，「風」は vjetar です．これを使って上と同じように「強い風が吹く」としてください．そんなの，簡単だね，とお客さま．

　Jaki vjetar puše.
　ヤーキ

　でしょ？　はい，その通り．ほんとに今日は bura が強いですね．

　Bura je jaka.　ブーラが強い．
　　　イェ

　jaka などの形容詞は，名詞のすぐ前においてその名詞を修飾するだけでなく，je と一緒になって「強いです」のように，名詞の特徴を述

べる言葉，つまり述語にもなります．述語になっても名詞と形を合わせる点は変わりませんよ．なので，もし jugo が強い時なら，次のようにいいます．

Jugo je jako.　ユーゴが強い．

では再びクイズ，「風が強い」はどうなるでしょう？　もう，子供扱いして，Vjetar je jaki. でしょ？というお客さまの予想はごもっとも．でも正解は――

Vjetar je jak.　風が強い．
　　　　　ヤーク

ん？　最後の i が脱落してるって？　いえ，これでいいのです．実は……．また‘実は’かよ，なんておっしゃらずに．これまで見てきた形容詞の，男性名詞に合わせる形，いずれも mali, veliki, bijeli と i で終わっていましたね．ところが多くの形容詞には，男性に合わせる形にもう１つ，i のつかない形があるのです．それが上の jak のようなもの．この i，歴史的にいうと，もとは英語の定冠詞のような役割をはたし，名詞がすでに話題になったものである場合には形容詞の最後に i をつけ，初めて話題になる名詞の場合には i をつけない，といった区別で使い分けられていたのです．ですからたとえば，

velik grad　（ある）大きな町　　veliki grad　（その）大きな町
ヴェリク グラード　　　　　　　　　ヴェリキ

けれど現代語ではこの区別は実質的になくなり，どっちの形でもいいという場合が多いのです．ただし Vjetar je jak. のように，形容詞を述語として用いる場合には，i のつかない形を使うのが原則なのです．

【人生は短い】

　強風のセーニを歩きながら，添乗員は次の訪問先，Zadar ザダルのことを考えています．ザダルの旧市街には，聖ステシア大聖堂，筒型の壁面をもつ聖ドナト教会，ロマネスク様式の聖クルシェヴァン教会など，歴史的な建物がたくさん，でも時間はないし，どこを案内しようかなぁ．思わず独り言が出てしまいました．

Vrijeme je kratko.
ヴリィエメ　ィエ　クラトコ

　添乗員のつぶやきを小耳に挟んだお客さまが，何ですか，とお尋ね．vrijeme は「時間」で kratko は「短い」という形容詞，つまり「時間が短い」といったのです．ふん，こっちは人生が短い，といいたいね，とお客さま．まったく人生朝露のごとし．おやおや，ではせめて（？）「人生短し」はどういうか，考えてみましょう．「人生」は život，男性名詞です．なので，「短い」の形は？　簡単，kratki でしょ．そう，上の kratko の最後の o を i にすれば，男性名詞に合わせる形ができます．

kratki život　　短い人生

　これでひとまず正解，でもなんか悲しいなあ．そういえばここセーニ出身の Kranjčević という詩人も 43 歳の短い人生を送った人でした．ただし「人生は短い」の場合は？　あ，そうか，とお客さま，先ほどの，男性名詞に合わせる形に i がない形容詞の話を思い出されたようです．jaki が述語になって jak だから，kratki は kratk ？　う〜ん，残念．

Život je kratak.　人生は短い．
クラタク

　ええ？とふたたび怪訝な表情のお客さま．これは少々説明が必要です

ね．その前にまず，「短い」を女性名詞に合わせるとどうなるかを見て
おきましょうか．女性名詞，たとえば，kosa「髪」を使うと？
　　　　　　　　　　　　　コ　サ

　　Kosa je kratka.　髪は短い．

　このように，「短い」という形容詞は kratak/kratki，そして kratko，
kratka と変化するのです．まだ怪訝そうですね．では，こうしてみま
しょう．krat(a)k# という，ちょっと妙な形を想定してください．そして，
名詞に合わせた正しい形を作るには，最後の # の箇所に語尾を入れ同時
に (a) の部分を削除してしまうか，さもなければ最後には何もつけずに
(a) の部分をふつうの a にする，と考えてください．すると？　男性名
詞に合わせて最後に i をつける場合は，(a) が消えて kratki となります．
中性，女性に合わせる形も，最後に o や a がつきますから，やはり (a)
が削除されて kratko，kratka となります．では，男性名詞に合わせる
形で i がつかない場合は？　そう，この場合には最後の # の箇所が空に
なるので，代わりに (a) が母音 a になって，kratak となるわけです．こ
れが変化のしくみ．このタイプの形容詞では，現れたり消えたりする母
音はいつも a です．たとえば，他にこんなものがあります．

　冷たい　hladan / hladni　　　幸せな　sretan / sretni
　　　　　フラダン　　フラドニ　　　　　　　スレタン　　スレトニ
　細い　　tanak / tanki
　　　　　タナク　　タンキ

　このタイプの形容詞では，男性名詞に合わせる形は 2 通りありますが，
中性と女性に合わせる形はそれぞれ 1 通りだけです．不公平？　不均
衡？　まあ，それはそれ，Život je kratak. と嘆くより，せいぜい，旅
を楽しみましょう．

【アドリア海の上で】

　ザダル見学の予定を変更し，船でアドリア海に出ることにしました．人生短しなんておっしゃるお客さまに，この美しいアドリア海を満喫して元気になっていただかなくては，ということで，ザダルから出航した船は，すぐ正面にあるパシマン島との間の海峡を通り，南のコルナート諸島をめざします．さて海峡は kanal ですが，このあたりにはいくつもの海峡がありますので，複数で言う必要があります．

kanali
　　カナリ

　これで複数．これまで見てきた名詞はいずれも単数でしたので，ここらで名詞の複数形を見ることにしましょう．まずは kanali のように名詞の最後に i を足した形．簡単ですね．最後に i をつけるのね，なら島 otok は otoki ね，とおっしゃることばのしくみ解明ハマりナンバー 1 のお客さま，なんと船の上でノートを広げています．「島」を otok というのも調査済みのご様子．ええと，ご推測は正しいのですが「島々」の場合は，こうなります．

otoci
　　オトツィ

　実は（また‘実は’！）k, g, h の音で終わる男性名詞は，複数形の i がつくとちょっと変身するくせがあって，複数形の最後がそれぞれ ci, zi, si になるのです．なので otok は otoci, putnik「旅行者」も putnici, bubreg「腎臓」の複数は bubrezi となります．はん，とつぜん腎臓って何よ．だったら vlak「列車」の複数は vlaci なのね，ですと．おお，vlak なんて言葉も調べたのか．はい，類推はまことに結構なのですが，残念でした，vlak のように母音が 1 つだけ含まれる短い男性

名詞には, 後ろにまず ov をくっつけ, その後ろに複数の i をつけるので,

　　vlakovi
　　ヴラコヴィ

となります. ちょっと面倒に見えますが, ほぼ自動的なもので, grad
は gradovi, brod「船」は brodovi, most「橋」は mostovi となります.
　　だったら, 山 planina の複数, 山々は planinai ですかね? というお
声は, おや, 先ほどの人生短しのお客さまも晴々とした表情. やはり海
の力はすごい! でもごめんなさい, planina の複数形はこうです.

　　planine
　　プラニネ

　　i を足して複数形を作るのは子音で終わる名詞の場合です. 子音で終
わる女性名詞も同じく i を足して, kokoš の複数は kokoši となります.
でも a で終わる名詞は, a を e に変えて複数形, rijeka「川」なら複数
は rijeke となります.
　　だったら, この海, more の複数は? 海は全部どっかでつながって
るから複数形はなし, なんて許さないわよっと, またしてもしくみ解明
ハマりマダム. はい, 海にも複数形はあります. 最後の e を a にして,

　　mora
　　モラ

　　o で終わる中性名詞も, 複数はやはり o を a に変えます. ですので,
selo「村」の複数形はこうですね.

　　sela
　　セラ

　　中性複数形は a で終わります. a で終わる女性名詞の単数形と混同し
ないで!

【緑の島々】

コルナート諸島 Kornati は大小 100 以上の島々からなり，国立公園
に指定された海域です．これらの島々の中には無人の島もあれば，住民
が数世帯で，電気もガスもない島もあります．でも豊かな植生と澄明な
海，多少不便でもしばし日常の喧噪を忘れて暮らしてみたいですね．

zeleni otoci　緑の島々

otoci は otok「島」の複数形でした．さて，このコルナートの美しい
自然の調和にもひけをとらないクロアチア語の調和の心を思い出してい
ただきましょう．名詞に合わせて形容詞も形を変えます．そしてこの調
和の心は，名詞が男性・女性・中性のどのグループに属するか，だけで
はなく，名詞が単数か複数かという区別にも共鳴するのです．上の「緑
の」という形容詞 zeleni は，otoci という男性名詞の複数形に合わせた
形容詞の形です．あれ，でも，形容詞の i で終わる形はたしか，

zeleni otok

と単数でもアリでしょう？とお客さまからご指摘．はい，その通り，名
詞が単数でも複数でも，男性名詞に合わせる形は，i の語尾になります．
ただし i がつかない形，前に見た kratak や jak のようなものは単数名
詞に対してしか用いられません．複数では必ず i のついた形になります．

では，ここでクイズ．zeleni otoci から推測して，「緑の山々」を作っ
てみてください．山々は planine ですよ．ちょっといきなり無茶じゃ，
いや，単数では，a で終わる女性名詞に合わせる形容詞は a で，o や e
で終わる中性名詞にはやっぱり o や e で終わる形容詞が対応したんだ
から，その法則をあてはめればいいんじゃない？　そんな単純な話かな

あ，何かワナがあるかも．おぉ，なんだかいろいろご意見があるようで
すが，さあ相談の結果はどうなりました？

zelene planine
ゼレネ　プラニネ

はい，大正解．ならば次は jezero「湖」を使って「緑の湖カッコ複数」
イェゼロ
はどうなるでしょう？　何よ，カッコ複数って，つまり複数形ってこ
とだろう．ええと o で終わる中性名詞の複数形は，女性名詞みたいな a
だから．はいはい，協議の結果のお答えは？

zelena jezera
ゼレナ　イェゼラ

またも大正解！　みなさま素晴らしいですね．その通り，まず基本的
には，形容詞も名詞の語尾と同じ音で揃える，これぞまさしく調和のコ
ハーモニー
コロです．だったら緑のニワトリはどうなるのっ？　またも，ハマりマ
ダムからの質問です．kokoš は女性名詞だけど，i を足して複数にする
ココシ
んでしょっ？　だったら形容詞も i をつけるわけっ？　緑のニワトリな
んていないよ，という声も聞こえますが，鋭いご質問です，この場合は
'実は' こうなります．

zelene kokoši　緑のニワトリたち
ゼレネ　ココシ

形容詞は，子音で終わる女性名詞に対しても，a で終わる女性名詞に
合わせる場合と同じ形をとりますので，複数なら e の語尾です．
　にしても，ミドリのニワトリが何羽もいたら，かなり不気味．

【パーグ島にて】

　船はコルナートから北へ方向を変え，Pag パーグに到着．パーグは，変化に富んだ海岸線と，白い岩肌の山が際立つ島です．おや，船着き場に，大きな逆三角形型の白いかぶり物を頭につけた女性が．観光ガイドでしょうか，あれはパーグ島に伝わる民族衣装の1つですね．どうやらお客さまも民族衣装に関心を持たれたご様子，では手工芸品店に参りましょう．ダルマチアの民族衣装を着た人形が陳列されています．さきほどの女性と同じ衣装を着たのも，ほら，ここにいくつかありますよ．

ove lutke
オヴェ ルトケ

　えっ何？　どこ？　はい，ご説明します．まず lutke は lutka「人形」の変化した形．女性名詞の語尾 a が e に変わり，複数形です．なら，とこれらの人形を手にしたお客さま，lutke の前の ove は，ええと，プーラで見た ova の変化した形？　その通り，ove は「この」という言葉の，女性名詞の複数形に合わせた形です．ではついでに「その人形」「あの人形」の複数を作ってみましょうか．その，あの，で，女性複数だから？

te lutke　　　　　one lutke
テ　　　　　　　　オネ

　お見事．では次は，ここにある鐘のミニチュアを使って，と．鐘は zvonce で中性名詞．さてここから「この鐘」「その鐘」「あの鐘」の複数形を作ると？
ズヴォンツェ

ova zvonca　　　ta zvonca　　　ona zvonca
オヴァ　　　　　　　タ　　　　　　　オナ

　またまたお見事．中性複数は，名詞もそれを修飾する言葉も a で終わる形なので，単数の女性名詞のようにも見えるのでしたね．この点，要

注意ですよ.

　あとは男性名詞か. お, この帯. この辺りの男性の衣装にはよく色鮮やかな幅広の帯が使われます. 黒いズボンのウエストに赤い帯をきりっと締めればメタボ系の方もぐっと体型アップ, イケメン度アップ間違いなし. お客さま, お土産にいかが? などといってないで, 帯は pojas. ではここから「この帯」「その帯」「あの帯」の複数形を作ると?　pojas は男性名詞で, 男性名詞に合わせる形はたしか ovaj, taj, onaj で, 男性の複数は i をつけるんだよね?　なら両方に i をつけて *ovaji* pojasi とか?　でもやっぱりワナがあるかも. あのね, ワナって, ま, 確かに疑い深さも大切. ことばのしくみにはしばしば '実は' というのがありますし. 正解はこうです.

ovi pojasi	ti pojasi	oni pojasi
オヴィ	ティ	オニ

やっぱりワナ! なんてコワい顔なさらずに. こういうしくみなのです.

ovaj pojas	ova lutka	ovo zvonce
オヴァイ		
ovi pojasi	ove lutke	ova zvonca

　あ, そうか, ovaj って形がむしろ変なんだ! とご指摘の鋭いお客さま, そうなのです. taj も onaj も同じしくみで, これらの言葉では形を変えない語幹の部分がそれぞれ ov-, t-, on-, そしてその後に, 名詞の区分に合わせた語尾がつくわけです. それが単数の a や o, 複数の i, e, a なのですが, 男性名詞の単数に合わせる場合だけ -aj となるのです. と, そこへ赤い帯を手にしたお客さま, ovaj pojas, これ買おうかと思うんだけど. はあ, お客さまなら, その, 体型的に大変効果的かと.

コラム

夫, 王様

....

　vlak や grad, most のように, 男性名詞で母音が 1 つだけの短い語を複数にする場合には, いきなり複数語尾の i をつけるのではなく, そのまえに ov という形を入れて, その後ろに語尾の i をつけ vlakovi, gradovi のようにするのでしたね. '実は', とまたまた実はです, この時, 下のように ov ではなくて ev が入る語もあるのです.

ključ / ključevi	muž / muževi	kralj / kraljevi
クリューチ　クリュチェヴィ	ムージ　ムジェヴィ	クラーリ　クラリェヴィ
鍵	夫	王

　では, ov になるモノと ev になるモノ, 違いはどこにあるのでしょうか?　vlak「列車」, grad「町」, most「橋」と, 形状の大きなモノは ov で, 人や鍵など小さめのモノは ev になるとか?　いいえ, そういう話ではありません. ここで思い出していただきたいのは, 形容詞の場合, 中性名詞の単数形に合わせる語尾が o になるものと e になるものがある, というしくみの話です. 今見ている複数名詞の語尾も, ov ではなくて ev になるバリエーションのお話, とすれば, もしかして?　そう, この 2 つのことは, 同じしくみにもとづいて起こることなのです. 複数で ovi ではなく evi になる名詞として挙げた上の例をもう 1 度見ていただきましょうか. ključ, muž, kralj と, 単数形がいずれも '変な' 文字で表される音で終わっていますね. これってつまり, そう, 中性名詞に合わせる形容詞の形が e になる場合と同じ基準が働いているのです. 中性名詞に合わせる形容詞語尾と男性名詞の複数語尾, はたす役割は全く違いますが, そこに出てくる音が o になるか e になるか, という選択には, 語幹の最後の子音の種類という同じ基準が適用される, こんなものも, ことばのしくみなのです.

....

パンツ1枚でも複数

....

　naočale「眼鏡」，hlače「ズボン」，gaće「パンツ」．あれ，また旅行
に必要なもののチェックかって？　いや，そうではなくて，これらには
共通した特徴があるのです．身につけるモノ？　アルマーニブランドで
揃えたいものとか？　とんでもない．これらの名詞，いつも複数形をし
ているのです．眼鏡1本でも，ズボン1着，パンツ1枚でも，複数形．
いずれも，最後がeで終わっていることからおわかりのように，女性名
詞です．むりやり単数形を作れば naočala とか hlača，gaća となりま
すが，これでは片側半分しかないメガネか，たて半分に切ったパンツの
片方みたいなものですね．でも女性名詞なので，形容詞も女性の複数形
に合わせる形，eの語尾をとります．

nove naočale　新しいメガネ　　　kratke hlače　半ズボン

　vrata「ドア」や，kola「自動車」も，複数形で用いる名詞です．複
数形でaで終わっていますから，中性名詞ですね．こちらも，ここから
単数形を作ると vrato や kolo となりますが，vrato という形の語は存
在しません．kolo は「車輪」の意味で，中性名詞単数で使います．ク
ロアチアのみならず，バルカンに広く見られるコロと呼ばれる民族舞踊
の名称は，人々が輪になって車輪のように回って踊るところからきてい
ます．自動車も，もともと車輪が複数あるところに由来するわけですね．
複数形で使う vrata，kola の場合も，もちろん形容詞は中性複数に合わ
せる形になります．

bijela vrata　白いドア　　　bijela kola　白い車

....

2　人と時間のしくみ

【基本形は基本の形】

　中部ダルマチア最大の町，Split スプリトに来ました．ここに離宮を
建てた3世紀のローマ皇帝ディオクレティアヌスの時代から長い歴史
を刻んできた町．町そのものがダルアチアの歴史の記録です．でもぉ～
と，そのデイオクレティアヌス宮殿の遺跡の中で，お客さまが薄暗い石
の天井を見上げながらおっしゃいます．私たち，食べるとか飲むとか買
うとかってどういうのか，まだ知らないのよねぇ，これだと旅の楽しみ
が味わえないわって，よくいうわ，さんざん飲み食いして買い物もして
きたのに，と心中ほやきつつも添乗員，では，とみなさまを外の広場に
ご案内．足下の敷石に，そこらで拾った白い石で書き始めます．

jesti　食べる　　piti　飲む　　kupiti　買う　　živjeti　生きる
イエスティ　　　　　ピティ　　　　クピティ　　　　ジヴィエティ

　これは動詞の基本形です．基本形というのは，基本の形です（説明に
なってないと，ヤジが）．つまり，その，辞書に掲載されている形とい
う意味で……．あ，おしまいの方がみんな同じ形をしてる！　はい，動
詞の基本の形は，ほとんどが ti で終わる形をしています．そしてさら
に多くの動詞では ti の前に母音 a, i, e などがあります．さて，この基
本の形,名詞のように使い「A は B である」の文を作ることができます．

　Jesti je živjeti.　食べることは生きることである．

　また，たとえば次のようにして文を作ることができます．

　Može jesti.　食べることができます．
　モジェ

　あれ，može って，ザグレブで出てきたあの može「いいです」？　は
いはい，相変わらず記憶力のよろしいお客さま．そのとおり，može は

「可能である」という意味の1語文で出てきましたが，この場合のように，動詞の基本の形をいっしょに使って，「～することができる」といえるのです．さらに ovdje「ここで」を足せば，こうなりますね．
オヴディエ

　Može jesti ovdje?　ここでは食べられますか？

　この広場のカフェ，アイスクリームを食べている人やコーヒーを飲んでいる人でいっぱいですが，食事はできるのか，ちょっとわかりませんね，こんな時は店の人にこう聞いてみればいいんです．と，あれ，さっそく実習と何人かのお客さまがカフェのほうへ．お腹すいてらしたんですね．

　気になるよなぁ，と，つぶやく声のほうを振り返ると，プーラのぶつぶつワインのお客さま，ここでは何でしょうか？　さっき，ほとんどが ti で終わるって聞こえたような気がするんだよねぇ．あ，気がつかれました？　はい，実は（この人のあだ名‘ジツハ’にしようか，という心ないお客さまの声）ti でなく，ći で終わるものがあります．

　ići　行く　　moći　できる　　pomoći　助ける
　イチ　　　　　モチ　　　　　ポモチ

　また，ići には子供がたくさんおりまして，子供というのはですね，動きの方向を表すパーツを ići の先頭にくっつけることで ići から生まれた動詞のことです．たとえば doći「来る」，izići「出て行く」，poći
ドチ　　　　イズィチ　　　　ポチ
「出発する」，sići「降りる」，ući「入る」などでして，これらはいずれ
スィチ　　　　ウチ
も親の ići と同じ，基本形のおしまいの部分が -ći の形をしているのです．

【クラパだ！】

　カフェに入る方，遺跡はもういいからと新市街に行かれる方，みなさま散り散りになったので，添乗員は旧市街のペリスティル広場でビールでも，と，どこかで歌声が．Klapa!「クラパ」というダルマチア地方の合唱形式の音楽です．無伴奏，明るい和声，ゆったりした旋律がクラパの特徴．ジツハ，クラパ大ファンの添乗員，どこかと見れば，広場の一角に人が集まっています．

　Pjevaju.　歌っています．
　ビェヴァユ

　どうしたの？というお声は，おや，お客さまもこちらへ．ほら，あそこで何人かが歌っているでしょう，だから Pjevaju．ふうん，「歌う」は pjevaju っていうの？　はい．そろそろクロアチア語の‘呼応’の出番ですね．さっきお話しした動詞の基本の形なら「歌う」は pjevati ですが，この基本の形が「誰が」する動作かに呼応して変化するのです．pjevaju という形は「彼ら」に呼応した形です．「彼ら」つまり私でもあなたでもない第三者の複数を表す代名詞 oni を一緒に使って，
　　　　　　　　　　　　　　　　　　　　　　　　オニ

　Oni pjevaju.　彼らは歌っている．

でもいいのですが，oni のような代名詞はふつうは省略します．クラパは合唱なので，独唱はありえませんが，もし誰か 1 人が歌を歌うなら，

　Pjeva.　歌っている．
　ビェヴァ

となります．あれ，pjevaju と pjeva，最後がちょっと違うな，ですって？　はい，基本形の pjevati から，最後の ti をとると，1 人の第三者に呼応した形になり，そこに ju をくっつけると複数の第三者の形にな

ります. では「私が歌う」を作ってみましょうか.「私が」は ja ですが,
ja も文中にあってもなくてもいいので, 私が歌う時にはこういいます.

　　Pjevam.　または　Ja pjevam.
　　　ピェヴァム

　pjeva に m がついた形になります. なお ja などの代名詞, 文中では
大文字で始めませんよ. そして, あなたが歌うなら, pjeva に te をつ
けます.

　　Pjevate.
　　　ピェヴァテ

　そうか. Ja *pjevate*. か. いえ, 違います！　Ja **pjevam**. です. は？
だって今 'あなたが歌うなら Pjevate.' って. あなたが 'あなた' といっ
た私が歌うんだから Ja pjevate. でしょ？　あのですね, あなたがご自
分のことつまり '私' のことをいう時は Ja pjevam, あなたが私に 'あな
たが歌う' という時は Pjevate. あるいは vi「あなたが」をつけます.

　　Vi pjevate.　あなたが歌います.

　あはは, わかってるよ, からかったの. 動詞の形は人称, つまり「話
し手」1 人称,「聞き手」2 人称, 第三者の 3 人称って区別で決まるん
だよね？　わかってるなら話をこんがらからがせないでよ！（あれ, 日
本語が変だ）えっと, そして 1 人称でも, 複数「私たち」mi が歌い手
の場合は次のようになります.
　　　　　　　　　　　　　　　　　　　　　　　　　　　　ミ

　　Pjevamo.　または　Mi pjevamo.
　　　ピェヴァモ

　pjeva の後に mo をつけて出来上がりです, と. あ, 話してる間にク
ラパ, 終わっちゃった.

【何をしているのですか】

　あれ，何してるんだろう？　宮殿から東に進み，ひときわ大きな Grgur の像の下に来たところで，その像を見上げたお客さま．グルグール は，聖書の言葉はラテン語という時代のカトリック教会にあって，古 いスラヴの聖書の言葉を守ろうとしたという伝説で知られる司教です が，右手を挙げたこのポーズ，何をしているのか，ご本人に聞いてみた いものです．

　Što radite?　何をしているのですか？
　シト ラディテ

　što は「何」を尋ねる疑問の言葉でしたね，ここではすぐ後ろにある 動詞の表す行為の内容を尋ねていて「何を」の意味です．radite の部分 が動詞，「（何かを）する」という意味で「あなたが」に呼応した形，基 本形は raditi です．ではここでクイズ，この radite の部分を，「私たち」 「私」がする場合に変えるとどうなるでしょう？　ええ？　いきなり難 易度高くない？　そんなことありません，前の pjevati「歌う」の場合 と比べながらお考えください．さっき pjevati では，基本形から ti をと ると 3 人称の単数になって，それに te がついて 2 人称の「あなたが」 pjevate だったよね，今出てきたのも te で終わる形で「あなたが」する， だから pjevamo，pjevam と同じように考えれば，こうかな？

　Što radimo?　私たちは何をしているのですか？
　ラディモ
　Što radim?　私は何をしているのですか？
　ラディム

　「私が何をしてるか」を何で人に聞くのよ？というお言葉ですが，まあ， 自分が何をしているかよくわかっていない方もおられることですし，い ずれにせよ，お見事，正解です．raditi から作る 3 人称単数の形は，最

後の ti をとって radi，1 人称の複数はこれに mo をつけ，1 人称の単数は m をつける，それで結構です．3 人称の複数の場合は，あ，だったら radiju だ！と．お客さま，そう類推されるのはごもっともですが，実は（しまった，またジッハ，だ）ここだけちょっと違います．

　Što rade?　彼らは何をしているのですか？
　　　ラ　デ

　raditi のように，基本形の ti の直前が i の母音になる動詞では，3 人称複数に呼応した形は，ti をとった後の形の最後の i を e にして作るのです．

　ちょっとっ！　質問！　ギクッ，この声はしくみ解明ハマりマダム．はい，何でございましょう？　1 人称と 3 人称には単数と複数の形があるのに，2 人称「あなた」の形は 1 つしかないの？　変じゃないのっ！　はい，マダム，実は（またもジッハ，という声）2 人称の単数形に ti「あなた」と，それに呼応した pjevaš や radiš という，š をくっ
　　　　　　　　　　　　　　　　　　ピュヴァシ　　ラディシ
つけた形がございます．ただこれは身内や友達などの，いわばタメ口をきける相手に使う形でして，

　Što radiš?　何してるの？

などと，この添乗員めがお客さまに申し上げたりすれば大変失礼な話になるわけでして，きちんとした「あなた」には vi を使うのでございます．この形，ジッハ，2 人称複数「あなた方」の形でして，ですから，

　Što radite?

　これは「あなた方は何をしているのですか？」も表すのでございます．

【行く？　行かない？】

　結局，グルグール司教は何をしてたのか．でもそれどころじゃない．今はこの事態を何とかしないと．お客さまがサッカー観戦をご希望，ちょうど地元スプリトの強豪 Hajduk 対ザグレブのチーム Dinamo の好カードが，スプリト名物のポリュード・スタジアムであるのです．そこでチケットを急ぎ手配することに．ところがいざみなさまに聞いてみると，行かないとか行くかもしれないとか，もう一体誰が試合観戦に行くんだか行かないんだか，わからなくなってしまいました．

　Tko ide?　誰が行くの？

　どうしたの？とぶらぶらやってきたお客さま．すみません，サッカー観戦に誰が行くんだ？と思って，つい．宮殿の中庭で動詞の基本形のお話をした時に基本の形が ti で終わらない動詞に ići「行く」があると申しましたよね．ide はその ići の 3 人称単数の形なのです．疑問の言葉 tko「誰が」を使って，誰がする動作なのかを尋ねる文を作る時は，動詞は 3 人称単数の形をとるので，先のようにいったのです．それと．

　Idete?

　はあ？とお客さま．あっすみません，idete は ići の vi「あなた」に呼応した形なので「あなたは行きますか？」とお尋ねしたんです．ふうん，ići は pjevati や raditi と違って，ti で終わってないけど，「あなたが行く」の形は te で終わるの？　はい，そうです．ići は基本の形がやや違いますが，人称に呼応した形に変化させると，ti で終わる動詞と同じしくみに組み込まれるのです．

　だったら，「私は行く」はこうなるの？

Idem.
イデム

と ide に m をつけたらいいわけ？　そのとおり．「私たちは行く」なら Idemo. です．それでお客さまは行かれますかと重ねてうかがうと，ちょっと悩んでお客さま，「私は行かない」はどうなるの，とご質問．それは否定文ですね．

Ne idem.　または　Ja ne idem.
ネ

このように，動詞の前に ne を置きます．他の動詞でも同じです，歌わないなら Ne pjevam. です．ただし je「です」の場合は，すでに見たように nije となります．それで，お客さまは一体，どちらですか？

Idete ili ne idete?　行くのですか，それとも行かないのですか？

ああ，ili は「A か B」と選択する場合のつなぎ言葉ね．Idem ili ne idem. 行くべきか行かざるべきか，それが問題だ．でもあの人たちは，と少し離れたところにいる他のお客さまたちのほうを見て，行くと思うけど．あら，「彼らが行く」の形は，ide じゃなくて，ideju？　出で湯？ 温泉に行く話みたい．はい，ここはまた少し違う形になります．

Idu.　または　Oni idu.　彼らは行きます．
イドゥ

３人称単数の形が e で終わる ide のようなタイプでは，複数は最後の e を u に変えます．pjevati のタイプ，raditi のタイプ，そして ići の変化した ide のタイプ，３人称複数の形がそれぞれ違うのです．

【空腹の最後は】

　お腹すいた，と女性のお客さま．今日はフェリーで Brač ブラチ島に渡りリゾート気分を満喫，くつろいでみなさま空腹のご様子です．ではまず，それをクロアチア語にいたしましょう，お客さまの場合は，

　Ja sam gladna.　私はお腹がすいた．
　ヤ　サム　グラドナ

　空腹の時にお勉強？とイヤな顔なさらずに．ja は1人称の「私は」，前にお話ししたように，このようなモノはなくても文は作れるのですが，ここでは代名詞を入れた形の文でお話ししてまいります．さて，gladna は「空腹な」という形容詞，そして sam は，ジツハこれまで何度も出てきた je と同じ語なのです．je も sam も基本形は biti，英語の be 動詞にあたるもので，je はその3人称単数形，sam は1人称単数形なのです．派手に変身していますが．なら僕も Ja sam gladna. と，横から口を出されたのはパーグで赤い帯をご購入の紳士．申し訳ございません，gladna の最後は何でしょう？　え，「空腹」の最後？　そりゃ餓死だよ．違うってば！　a です！　a？　あ，a は女性形の a なの？　今のは女性の話だから gladna ってことか．すると僕は男だから *gladni* になる？　惜しい，もう一息．正しくはこうなります．

　Ja sam gladan.　僕はお腹がすいた．
　　　　グラダン

　前に kratak，kratka で見ましたよね，あの出たり消えたりの a をもつ形容詞，gladan も同じタイプで，男性単数に合わせる i のつかない形は gladan です．これまでは普通の名詞に形容詞がつく場合を見てきましたが，1人称や2人称に対して形容詞が使われ，「私は～です」のように述語になる場合には，「私」や「あなた」が男性か女性かに合わ

せて，形容詞の形が変わるのです．ここでは男性形や女性形という文法上の区別が，男女の性別と重なるのですね．人称が単数か複数かも，形容詞の形に影響します．では，クイズ．タメ口の ti に呼応した biti は si，その他の「あなた」，それに複数の「あなた方」の vi に呼応した biti は ste となります．これらを使って上のように文を作ってみませう．このお腹すいてる時に，せう，だって．まあやってみよう，どうせ料理まだなんだから．まず si の場合は，ja の時と同じように，ti の人が男か女かで，たぶん，こうかな．

Ti si gladan.　君（男）はお腹がすいている．
Ti si gladna.　君（女）はお腹がすいている．

vi はどう？　「あなた方」は複数だから形容詞は i をつければ？

Vi ste gladni.　あなた方はお腹がすいている．

はい，大正解．そして vi は 1 人の「あなた」にも使う形ですね，vi を使ったら相手が 1 人でも 1 億人でも形は同じ複数形です．だったら「私たち」の場合も形容詞は複数形になるのね？　ほらね，結構空腹しのぎになるでしょう．biti の mi「私たち」に呼応した形は smo ですから，

Mi smo gladni.　私たちはお腹がすいている．

また 3 人称複数の形は su なので，前に見た putnici「旅行者」を使えば，

Putnici su gladni.　旅行者たちはお腹がすいている．

そうでした，みなさま，お腹すいてるのでしたね，お料理早く！

コラム

語順の話（その１）

....

　人称代名詞の ja「私は」, mi「私たちは」などは，使っても使わなくてもいい，とお話ししましたね．「私は」「あなたは」などを強調したければ使うし，その必要がない場合には表さずにすます，というのが原則です．ではこういったものが文にある場合，語の順番はどうなるのでしょう？　まず，クロアチア語の語順はかなり融通が利くという特徴をもっています．ですので「私は行く」を ja を入れていえば，こうです．

Ja idem.　　Idem ja.
　イ デ ム

　どちらも可です．ただしふつうの語順は，ja を先にいういい方です．疑問文になったらどうでしょう？

Vi idete?　　Idete vi?　　Idete li vi?　あなたは行きますか？
ヴィ イ デテ

　疑問の「か？」を表す li は引っ込み思案君なので，文頭に出ないことはすでにお話ししましたね，この li を使った場合には，動詞が文頭に出てくるのが普通です．一方，Da li...の形を使うと？

Da li idete vi?　　Da li vi idete?

　これはどちらもアリ．ただし文頭の "Da li" の形は崩せませんよ．
　疑問の言葉 što, tko は文の先頭に置くのがふつうです．その後の順序は，

Što vi radite?　　Što radite vi?　あなたは何をしているのですか？

　これはどちらも可能です．

....

語順の話（その２）

....

　では逆に，本編で見た Ja sam gladna. のような文を，人称代名詞を使わない文にするとどうなるでしょう？　クロアチア語の語順は融通が利くというから，ja を省略して Sam gladna. でハイ完成，というわけには，ジツハいかないのです．なぜなら，biti が人称に呼応して変化した sam, smo, si, ste, su は文頭に出ることがない，つまりあの疑問の li と同じ，引っ込み思案君たちだからです．ですから人称代名詞を用いなければ，下のように順序を入れ替える必要があります．

　Gladna sam.　私（女）はお腹がすいた．
　Gladan si.　　君（男）はお腹がすいた．

　では疑問文はどうなるでしょう？　sam や si などと同じように文頭に出られない引っ込み思案君の li を用いた疑問文では li が文頭の語のすぐ後にきて，その後に si や ste などの biti の変化形が続きます．

　Gladan li si?　君（男）はお腹がすいているか？

　ただし biti の３人称単数形 je だけは，疑問文の文頭に置いて，

　Je li gladan?　彼はお腹がすいているか？

　このように文を作ることができます．
　Da li を使えば，その後に si や je が続きます．

　Da li si gladan?　君（男）はお腹がすいているか？
　Da li je gladan?　彼はお腹がすいているか？

....

【ブーラが吹いていた】

　到着しました，アドリア海の真珠，Dubrovnik ドゥブロヴニク．中世から近代初頭まで自治共和国として独自の歴史と繁栄を築いた町です．今日も快晴，風もなし．まずはよかった．以前に来た時は，

　Bura je puhala. 　ブーラが吹いていた.
　　ブーラ イ エ ブーハラ

　Bura がどうしたって？　お客さまが質問です．ここもブーラが吹くの？　はい．以前来た時がそうでして，思い出して「ブーラが吹いていた」と．Jaka bura puše.「強いブーラが吹く」って見ましたね，puše の基本形は puhati，少し形が変わりますが，3 人称単数で最後が e になる ide のような変化をする動詞です．この基本形 puhati から ti をとって la というパーツをつけたのが puhala，これで過去の話「吹いた」となるのです．ただしこの形，je に付き添ってもらわないとだめな甘えん坊でして．ふうん，動詞の基本形から ti をとって la をつけると，過去の形になるの？　ならば，ブーラじゃなくて南風，ユーゴだっけ，あれも同じなのかな？　Jugo je puhala. で「ユーゴが吹いた」？　いえ，Jugo の場合は，la ではなく lo をつけます．

　Jugo je puhalo. 　ユーゴが吹いていた.
　　ユーゴ　 ブーハロ

　う～ん，と宙を睨んでいたお客さま．bura が puhala で jugo が puhalo か．jaka と jako の時と同じケツしてる．まっ，おケツなどと！　語尾とおっしゃってください，ゴビと．でも大変鋭い！　本当のところ，基本形のおしまいの部分を la や lo に変えるという操作は，動詞を形容詞みたいなものに変えてしまうという，遺伝子操作なみの大胆なワザでして，そのようにして作られた la や lo で終わる形は，形容詞

と同じように変化するのです．もっと申しますと，la や lo は，l + a，
l + o という組み合わせの形でして，より一般的な式にいたしますと，

動詞の基本形 − ti + l + 形容詞の語尾

これで，過去の形になるわけです．なので「ナニがどうした」の「ナニが」
に入る名詞のグループと単・複に合わせて，一番最後の語尾が変化する
というわけでございます．たとえば sijati「輝く」を使うとこうなります．
スィヤティ

Zvijezda je sijala.　星が輝いていた．
ズヴィエズダ　スィヤラ
Sunce je sijalo.　　太陽が輝いていた．
スンツェ　スィヤロ

すると「風が吹いた」の場合は，Vjetar je puhali か．いや待てよ，
ここでは述語の形容詞みたいに使うんだから，Vjetar je jak. の時みた
いに，i のない形にするんだな，だったら puhal？　おお，お客さまも
やりますね．「ナニが」に男性名詞単数形が来る場合には語尾なし，つ
まり l で終わる形になる，まさに本質的な正解でございます．昔々，そ
うですね，このドゥブロヴニクがヴェネツィアの支配下にあった13世
紀の頃には l だったかもしれませんが，この l の音，いつしか，すぐ後
に何かの母音がついてきてくれない時には，自分自身が母音 o に化け
てしまうという，情けない子ダヌキのような音になってしまいまして．
それで「ナニがどうした」のナニの部分が男性名詞単数の場合には，次
のようになります．

Vjetar je puhao.　風が吹いていた．
ヴィエタル　プーハオ

ごらんのとおり，基本形から ti を取ったあとに o がついた形になる
のです．

【薬は高価でした】

　これから薬局に行きます，と申し上げると，みなさま口々に，変なもの食べたんでしょ，二日酔いでは，などとまったく！　ドゥブロヴニクで薬局といえば，フランシスコ会修道院に設けられた薬局のこと，14世紀はじめの設立当時から約 700 年間続いている，ヨーロッパで最も長い歴史を持つ現役の薬局へご案内するのです．古い調剤道具，天秤ばかり，薬壺．昔の修道僧たちは薬剤師としても修行したのですね．

　Lijekovi su bili skupi.　薬は高価でした．
　リィエコヴィ　ス　ビリ　スクービ

　昔の話？とお客さま，今も薬は高いよ．はい，でも今の話でしたら，こうです．

　Lijekovi su skupi.　薬は高価です．

　まず，今の話から確認いたしましょう．最初の lijekovi という形ですが，見覚えありますね？　ovi のつく形，そう，vlakovi などの男性名詞の複数形です．lijekovi は lijek「薬」の複数形，いろいろな種類の薬というような意味です．次の su は．あ，Putnici su gladni. で出てきた su？　はい，biti の 3 人称複数形，ここは lijekovi に呼応して，これで「薬は〜です」，その述語の部分が skupi「高価な」というわけです．この「です」，つまり su が動詞なので，ここを過去の形にすれば「でした」となりますね，それが最初の文です．su の基本形 biti から ti をとって li をつけます．li？　あ，そうか，la とか lo の代わりに，複数だから li になるんだ！　はい，お客さまもしくみ解明のコツをだいぶのみこんで来られたご様子．その通り，biti から bili で複数の「でした」になるわけです．でも待てよ，su が bili となったのに，まだ su が残っ

てるよ？ はい，先に la や lo などの形はエスコート役が必要だと申しましたね，これは puhati のような普通の動詞でも，biti の過去形でも同じこと，そしてそのエスコート役になるのが biti の変化形なのです．エスコート役のほうの biti は「ナニがどうした」のナニの人称と数に応じて変化します．上の文ではナニが lijekovi なので形は 3 人称複数の su，もし「薬」が単数なら，エスコート役は je となります．

Lijek je bio skup. 薬は高価でした．
リィエク　ビオ　スクープ

なるほど，l の形は形容詞のように変化し，エスコート役の biti は人称と数に合わせる．いま出てきた bio の o は子ダヌキの l だね？ よくご記憶で．子ダヌキまで覚えていただかなくてよろしいのですが．ではその勢いで「私は若かった」という文を作ってくださいますか？「若い」は mlad が男性単数形です．どうして過去なんだよ，ま，練習だから許
ムラド
すか，と文句たらたらのお客さまのお答えは？

Ja sam bio mlad. 私（男）は若かった．
ヤ　サム

ご名答！「だった」という部分，ja になるお客さまがお一人の男性なのでそれに合わせて bio，形容詞 mlad も男性形，エスコート役の biti は ja に呼応した sam です．「あなた」vi，「私たち」mi についていう場合でしたら？

Vi ste bili mladi. あなたは若かった．
ヴィ　ステ　ビリ　ムラディ
Mi smo bili mladi. 私たちは若かった．
ミ　スモ　ビリ　ムラディ

なんかなあ，Ja sam mlad. Mi smo mladi. でいいのにって？ はあ，いつまでも若く，このような薬局には無縁でいたいもので……．

【レヴェリンを見学します】

次の予定は，とみなさまがお尋ねなので，お知らせします．

Mi ćemo pogledati Revelin.　　私たちはレヴェリンを見学します．
ミ　チェモ　ポグレダティ　レヴェリン

　レヴェリンは中世の要塞の姿を残すドゥブロヴニクの砦の 1 つ，どっしりした姿はまさに，独立共和国ドゥブロヴニクの守護神といったところです．pogledati は「見る」という動詞，見る対象を表す言葉が後ろに来て，pogledati Revelin で「レヴェリンを見る」．では中へ入りましょう．はい，ご質問？　pogledati の前にある ćemo は何か？　おっと失礼しました．この ćemo のような付属品を動詞の基本形に添えますと，これから先の話つまり未来の形になります．そうですね，みなさま，この文をもとに「あなたはレヴェリンを見学します」はどうなるか，お考えいただきましょうか？　ヒントは，ćemo は mi に呼応した形，ということで．見事一発で正解されたら，弊社特製のニワトリ印の鉛筆をプレゼントいたしましょう！　鉛筆が景品？　わりと地味ね．でも ćemo が mi に呼応した形がヒントだって．最後の mo が，radimo や idemo の mo と同じものということだよ，きっと．だったらたぶん，こうよ．

Vi ćete pogledati Revelin.　　あなたはレヴェリンを見学します．
ヴィ　チェテ

　おお，見事正解です．mo のかわりに te をつけて ćete とすれば vi「あなた」に呼応した形になります．残りの部分はそのままです．はい，鉛筆どうぞ．では，1 人の 3 人称に呼応した形ではどうなるでしょうか？　こんどは一発正解で，この特製鉛筆キャップを差し上げます！　鉛筆キャップって，さらに地味．でもこの će の形の付属品，ide，idemo と同じように作ればいいみたいだから，こんどはたぶん，

On će pogledati Revelin.　彼はレヴェリンを見学します.
オン チェ

またまた正解, みなさまキャップをどうぞ, 1 人 1 個ずつね. では, おほん,「私は」の場合はどうなるでしょうか. こんどはもし一発正解でなかったら, 今晩のディナー, みなさまが私におごってくださるということで?　ćemo, ćete, će だから「私」は ćem か. でも急にディナーなんて怪しくない?　といっても他に考えられないから, Ja *ćem pogledati* だろう. はい, それがお答えで?　やった!　ディナーいただき!　残念ながら, ja に呼応する形は変則的になりまして, 正しくはこうです.

Ja ću pogledati Revelin.　私はレヴェリンを見学します.
ヤ チュ

え?　フェアじゃない?　はあ, 規則的に考えれば ćem ですからね. この未来の形をつくる će や ću という付属品, これも本来は動詞でして, 基本形は htjeti「〜したい」です. かなり変身しておりますね. しかも
フティエティ
ja に呼応する場合には, ću という, いっそう変則的な形になり, 3 人称複数の場合にも変則的に, 3 人称単数と同じ će になります.

Putnici će pogledati Revelin.　旅行者たちはレヴェリンを見学します.
プトニツィ

さて, ディナーの店ですが, あれ, みなさまの冷たい視線. わかりました, ディナーおごりは撤回, **platiti**「支払う」を使って訂正します.
プラティティ

Ja ću platiti.　私が支払います.

【「する」と「全部する」】

　それ面白い？　今読んでいるから，読み終わったら回すわ，そうおっしゃるお客さまの手には『中世都市ドゥブロヴニク』．歴史家クレキッチの名著が．町を歩きながら熱心にそれを読んでいるお客さまに，別の方が声をかけたところです．そうそう，少し待ってあげてください．

　Sada ona čita.　今，彼女は読んでいます．
　サダ　オナ　チタ

　sada は「今」という副詞，čita が動詞 čitati「読む」の 3 人称単数の
　　　　　　　　　　　　　　　　　　　　　　チタティ
形です．だったら読み終えたら Ona je čitala. になるわけか，とさっそく過去の形を作ってくださったお客さま，その通りですが，全部読んだことをはっきり言い表したい場合には，こうするのが適切かと．

　Ona je pročitala.　彼女は読んだ.
　　プロチタラ

　ありゃ，čita が pročitala になるの？　はい．ジツハ，クロアチア語の動詞には 2 種類のものがあり，動詞を使って何かを表現する場合,「する」「している」「何度も・いつもする」「全部する」など，'どのように'するのかによってその 2 種類が使い分けられるというしくみがあるのです.「読む」の場合は čitati と pročitati がその 2 種類のそれぞれで，
　　　　　　　　　　　　　　　　　　　　　　　プロチタティ
čitati のほうは「読む」という動作を一般的に表したり，読んでいる最中の動作や，いつも読む，のような習慣的な動作を表す場合に使います．これに対して pro というパーツが頭についた pročitati は，何かを読むという動作を「全部する」ものとして表す場合に使います．ほとんどの動詞がこのような 2 種の組みになっていまして．だったら質問っ！　とこの声はおなじみ，ハマりマダム．だったら「する」を「全部する」の意味でいいたいときは，raditi ではなくて proraditi というのっ？　は

はっ，いつも鋭いご指摘で．確かに raditi も čitati と同じように「する，している，いつもする」のような場合に使う種類の動詞でして，一方「全部する」という意味の「する」の場合には，raditi に u というパーツをつけた形の動詞を用います．ですので，それぞれこうなります．

Što ste radili?　あなたは何をしていたのですか？
シト　ステ　ラディリ

Što ste uradili?　あなたは何をしたのですか？
ウラディリ

pro じゃなくて u がつく，ということはいつも形が決まっているわけではないの？　その通り．これをご覧ください，これは今私たちが正面にやってきたドルジッチ記念館の説明書ですが，ここにありますね．

Držić je napisao "Dundo Maroje".
ドルジッチ　イエ　ナ　ピ　サ　オ　　ドゥン　ド　マ　ロィ　ェ
ドルジッチは『マロエ親父』を書いた．

napisao は基本形に戻すと napisati「書く」という動詞，例の子ダヌキの o の形でして，後に「何を」を表す語が来ますが，napisati は「全部書く」の意味の「書く」なのです．ただの「書く」でしたら pisati と
ナ ピ サ ティ
na のつかない形になります．先に，動詞に２種類あると申しましたが，
ピ サ ティ
その形態や組みになる動詞の関係は実にさまざまでして，もちろんそちらの本にも説明されておりません．は？　ドルジッチとは何者と？　戯曲を書き，役者として舞台に立ち，聖職者でもあったルネサンス期のドゥブロヴニクの才人，"Dundo Maroje"『マロエ親父』はその代表作の芝居です．この記念館で，その生涯を詳しく見ることにいたしましょう．

【ドゥブロヴニクよ，永遠なれ】

　ドゥブロヴニクの中心，ルジャ広場に立つオルランドの柱の前で，私たちは町の歴史に想いをはせます．遠く大西洋にまでその名を轟かせたドゥブロヴニク船，共和国評議会の召集を告げて鳴り響くルジャの鐘．けれど町は 1667 年の大地震で壊滅，その栄光は急速に失われたのです．地震があったの？　知らなかった，私は知ってたと，みなさま，どうやらいろいろのようですね．

　Vi ste znali, a on nije znao.　あなたは知っていたが彼は知らなかった．
　ヴィ ステ ズナリ ア オン ニィエ ズナオ

　znali, znao は動詞 znati「知っている」の過去の形で，znao のほうは，
　　　　　　　　　　　　　　　　ズナティ
と，子ダヌキⅼ！　はあ，みなさま子ダヌキでご記憶のようで．そのとおり，男性単数に合わせた語尾ⅼから変化した o の形です．さて，前に文の否定は，動詞の前に ne をおけばいいとお話ししましたね．

　Ja ne znam.　あるいは　Ne znam.　私は知りません．
　　　ネ ズナム

　一方，過去の形の場合には，エスコート役の biti を否定の形にします．je の否定は nije ですから，上の文の後半，nije znao で「彼は知らなかった」となるわけです．だったら「私は知らなかった」も，sam の部分を否定の形にするわけ？　はい，je を否定した形は nije，同じように sam や smo，su の場合も ni というパーツを前にくっつけて nisam,
　　　　　　　　　　　　　　　　　　　　　　　　　　　　　　ニーサム
nismo といった形にします．
ニースモ

　Ja nisam znao/znala.　私（男 / 女）は知らなかった．
　　　　　　　ズナラ
　Mi nismo znali.　私たちは知らなかった．
　Putnici nisu znali.　旅行者たちは知らなかった．
　　　　　ニース

　知ってても知らなくてもいいけど，地震は怖いなぁ，石造りの教会や
王宮の建物を不安げに見上げながらおっしゃったのは，あの人生短しの
お客さま．この方もしや悲観主義者？　でもこの先，地震があるかどう
かなんてわからないわよ，とお隣のお客さま．そうそう．

　Mi nećemo znati.　私たちは知ることはないでしょう．
　　ミ　ネーチェモ

　nećemo というのはもしや，未来の形の ćemo の否定？　はい，お客
さま，いつも見事な洞察力で．未来の形を否定する場合も，付属品のほ
うの ćemo や će を否定の形にいたします．こちらは ne を付属品の前
にくっつけるだけ．ふつうの否定でも，書く時こそ ne znamo のように
ne と動詞は離して綴りますが，発音するときは neznamo と 1 語のよ
うになりますので，nećemo や neće もふつうの否定と同じということ
　　　　　　　　　　　　　　　　　　ネーチェ
です．ただ，綴りの規則上これらの語では ne と ćemo や će をくっつ
けて書くのです．と，ここで別の方からご質問．「忘れる」は何ていう
の？　「忘れる」という動詞の基本形は zaboraviti ですが？　だったら
　　　　　　　　　　　　　　　　　　ザボラヴィティ
今の話，忘れないようにするね．

　Ja neću zaboraviti.　私は忘れないでしょう．
　　　ネーチュ

　おお，何と見事なフォロー！　ありがとうございます．そして私たち
も，この町を訪れる旅行者たちも忘れません，ドゥブロヴニクの歴史と
美しさを．

　Mi nećemo zaboraviti.　私たちは忘れないでしょう．
　Putnici neće zaboraviti.　旅行者たちは忘れないでしょう．

　ドゥブロヴニクよ，永遠なれ！　でもやっぱり地震は恐いなぁ．

語順の話（その３）

....

　ドゥブロヴニクを歩きながら，過去と未来の形を見ましたね．ただし本編では，どちらの場合も人称代名詞などを使った文の形でした．では，人称代名詞などを使わないとどういう文になるのでしょうか．まずは過去の形．動詞から作った l の形をエスコートする sam，smo などの引っ込み思案の性格は，ここでも変わりません．ですから，「私は」「私たちは」「彼らは」といった語を省略すると，語順が入れ替わります．

Ja sam bio mlad. → Bio sam mlad.　私（男）は若かった.
　　　ビオ ムラド
Mi smo bili mladi. → Bili smo mladi.　私たちは若かった.
　　　ビリ ムラディ

あるいは，

Ja sam znala. → Znala sam.　私（女）は知っていた.
　　　ズナラ
Oni su znali. → Znali su.　　彼らは知っていた.
　　　ズナリ

となります．一方，否定の場合には，エスコート役の形が nisam，niste と長くなります．この形になると，もう引っ込み思案ではなくなり，
　ニーステ　　　　　　　　　　　　　　　　ニーサム
文頭に出てくることができるようになります．そこで，下のようにいうことができます．

Ja nisam znao. → Nisam znao.　私（男）は知らなかった.
　　　ズナオ
Mi nismo znali. → Nismo znali.　私たちは知らなかった.
　　　ニースモ
Vi niste znali. → Niste znali.　あなた・あなた方は知らなかった.

....

コラム

語順の話（その４）

....

　未来の形で人称代名詞を使わないと，どうなるでしょう？　ジツハ，未来を作る će, ću などの付属品も sam や ste などと同じ，文頭に出ない引っ込み思案君なのです．そこで人称代名詞が文頭に出ない文では，

Ja ću pogledati Revelin.　→　Pogledat ću Revelin.
　ヤ　チュ ポグレダティ　　　　　　　ポグレダチュ

　このように語順が入れ替わります．動詞の基本形の最後の i がなくなっていることにご注目．未来を作る付属品 ću, će, ćemo, ćete などは，動詞より前に置くこともできるし，動詞の直後に置くこともできるのです．動詞より前にある場合には，動詞は基本形のままですが，動詞の後ろに来る時には，動詞のほうが基本形から i を落とした形になります．ただしこの時，発音は t と ć がつながって「チュ」となります．他の人称でも同じ．

Mi ćemo pogledati Revelin.　→　Pogledat ćemo Revelin.
　　　　　　　　　　　　　　　　　　　ポグレダ チェモ

　基本形の最後が ti ではなく，ići「行く」のように ći で終わる動詞では，
　　　　　　　　　　　　　　　　　　　イチ
付属品が動詞の直後に来ても，動詞は基本形のままです．

Ja ću ići.　　　→　Ići ću.　　　私は行くでしょう．
Mi ćemo ići.　→　Ići ćemo.　私たちは行くでしょう．

　ću や će などを否定した neću, neće などは，nisam, niste などの場合と同じように，文頭に出てくることができるようになります．
　　　　　　　　　　　ネーチュ ネーチェ

Mi nećemo zaboraviti.　→　Nećemo zaboraviti.
　ネーチェモ ザボラヴィティ
私たちは忘れないでしょう．

....

3 「てにをは」のしくみ

【ワイン蔵で叉焼？？？】

　ダルマチアを南端まで下った後，ツアーは方向を北東に転じて内陸部スラヴォニアの東端の町 Ilok イロクに到着しました．旅はこの先スラヴォニアを西へと続いていきます．さて，イロクは 17 世紀にこの地の領主となったイタリア貴族がもち込んだワイン造りのおかげで今も上質のワインの産地．ドナウ河畔に立つ領主館の地下には，みごとなワイン貯蔵庫があります．大きな樽がずらりと並ぶワイン蔵の一角で，さっそくワインの試飲会．みなさま，グラスは行き渡ったでしょうか．

　　Imate čašu?　あなたはグラスをおもちですか？
　　イ　マ　テ　チャシュ

　えっ？と赤ワインのグラスを手にされたお客さま，čašu？　ここ叉焼もあるの？　いやぁ，ネギ叉焼に赤ワインなんて，いいねぇ．チャ，
シュ（ひきつる添乗員）え，えと，čašu の（と必死で態勢を立て直し）もとの形は čaša「グラス」，正しくは「グラスが」です．
　　　　　　　　　　チャシャ

　　Moja čaša je ovdje.　私のグラスはここにあります．
　　モ　ヤ　　　　　　　オヴディエ

　čaša はこんなふうに使います．これまで見てきた，この a で終わる形は，「ナニがどうだ」の「ナニが」という場合に使う形なのです．けれど最初の文に出てきた動詞 imati「もつ」のように「ナニをどうする」という形で用いる動詞に対して「ナニを」の部分に使う場合には，
　　　　　　　　　　イマティ
最後の a を u に変える必要があるのです．つまり čaša は「グラスが」，čašu は「グラスを」．きちんと形を変えないと，意味不明の文になってしまいます．

　すると，別のお客さまから，最後が a で終わる名詞はみな同じようになるの？とご質問．はい，たとえば，あちらのテーブルにある叉焼，い

や，もといハム，ワインによく合いそうですが，手づかみではお行儀が
悪いですね．こうしましょう．

Imate vilicu?　あなたはフォークをおもちですか？
ヴィリツゥ

こんな具合に vilica「フォークが」は vilicu「フォークを」になります．
ヴィリツァ
つまり，「が」や「を」の意味を，語の最後の部分を変えることで表
すのねっ！　おお，そのお声は愛しのハマリマダム，その通りです．でも，
どんな名詞でも「が」と「を」で形が違うというわけではございません．
たとえば，ええと，このチーズを取り分けるお皿がいりますね，そこで，

Imate tanjur?　あなたはお皿をおもちですか？
タニュール

tanjur「皿」は「ナニが」と「ナニを」が同じ形です．あるいは
bijelo vino，これは「白ワイン」でしたね，あちらで白ワインをお飲み
の方に，こう尋ねてみましょうか．

Volite bijelo vino?　白ワインをお好みですか？
ヴォリテ

volite は動詞 voljeti「好む，愛する」が vi「あなた」に呼応して変
ヴォリェティ
化した形，つまり「あなたが好む」，そしてここでは「ナニを好む」の
「ナニを」の部分に bijelo vino が来ています．ほらね, bijelo vino の形，
前にでてきた「ナニが」の形と同じでしょう？　a で終わる女性名詞で
は a を u に変えなければ「を」の意味で使えませんが，o や e で終わる
中性名詞や，子音で終わる名詞で，「皿」のようなものは，「ナニが」と
「ナニを」は同じ形でよいのです．では，と．はい？　叉焼はないのかっ
て？　イロクに叉焼はございません！

【お兄ちゃん・夫・オオカミ】

　Vukovar ヴコヴァール．町の名の由来でもある Vuka という川がド
ナウ川に合流する地点にできた町は，1990 年代始めのユーゴ戦争で
深く傷つきました．けれど町はまたドナウの川面のような平穏さを取
り戻し．あれ，川岸にベソをかいた男の子がいます．どうしたの？
するとこんな答えが返ってきます．

　Tražim brata.　僕はお兄ちゃんを捜しているんだ．
　トラジム　ブラタ

　迷子でしょうか．tražim は動詞 tražiti「捜（探）す」の「私が」に
呼応した形，brata はもとの形が brat「兄弟が」（英語の brother と同じ
く，これだけでは年齢の上下は区別しません），ここでは a をつけて「ナ
ニを捜（探）す」の「ナニを」，つまり「兄弟を」となっています．あ
れ，でもイロクでは，子音で終わる tanjur「皿」みたいな名詞は「ナニ
が」と「ナニを」の形は同じだって．はい．お皿はそうですが，お兄ちゃ
んは変化するのです．お兄ちゃんだけではありません．muž「夫が」も
変化します．

　Tražim muža.　私は夫を捜しています．
　　　ムージャ

　brat と同様に，最後に a をつけて「夫を」です．えーっ，と怪訝な
顔をなさらないで．子音で終わる名詞には男性名詞と女性名詞があるの
でしたね．このうち jesen「秋」や kokoš「ニワトリ」のような女性名
詞は，「ナニは」と「ナニを」の形はいつも同じなので，この先の話は
男性名詞にだけ関係することです．さて，男性名詞には「ナニが」と「ナ
ニを」が同じ形のものと，変化するものの 2 つのグループがあります．
tanjur「皿」は変化しない，brat「兄弟」や muž「夫」は変化する．さ

あ運命を分けるのは何でしょう？　また妙なクイズなんだから，今度は
音で区別というのではないよね．はい，音は関係ありません．そうですね，
この町ヴコヴァールの名はヴーカ川にちなむのですが，Vuka という名
もそもそも vuk「オオカミ」に由来するのだとか．vuk も……わぁっ！
ヴーク

　　Vidim vuka!　オオカミが見える！（直訳：私はオオカミを見ます）
　　ヴィディム　ヴーカ

なんて叫んでも，誰も信じませんよね．でももしオオカミが現れたら
このようにいうわけです．vidim は vidjeti「見る」という動詞の「私」
に呼応した形，そしてここでは「ナニを見る」の「ナニを」が「オオカ
ミ」です．やはり vuka と a がついていますよ．ということで「兄弟」
「夫」「オオカミ」の共通点は？　兄ちゃん・亭主・オオカミとくれば，
女の敵！　あの，golub「ハト」も leptir「蝶々」も同じ仲間ですので，
ゴルブ　　　　　　　レプティル
女の敵というくくりはいかがなものかと．じゃあ，生き物とか？　おみ
ごと！　そう，子音で終わる男性名詞で，「ナニが」と「ナニを」の形
が同じか，変化するかを分けるのは，モノとイキモノの違いなのです．
面白いでしょ？　そしてイキモノの場合には，brat が brata，vuk が
vuka のように，「ナニを」として用いる場合には最後に a をくっつける
のです．でも植物はモノ扱いですから，より厳密には「動くイキモノ」
とそうでないもの，という違いですが．と，そこで，あっ，と小さな声
がしました．

　　Vidim brata!　お兄ちゃんが見える！

　ベソをかいていた男の子が叫んだのですね．あちらから来る少年がお
兄ちゃんのようです．まずは，よかった，よかった．

【青きドナウの水】

　迷子の坊やが無事お兄ちゃんに手をひかれて去ったあと，ヴコヴァールの川辺をのんびり散策です．

　Voda Dunava je plava.　　ドナウの水は青い．
　ヴォダ ドゥナヴァ イェ プラヴァ

　plava は「青い」という形容詞，女性名詞の voda に合わせた形です．ほんとにドナウ川，青いでしょう？　はい？　水は青いほうがきれいだから我が社の名前も Plava Voda 社にしたらと？　はあ，青水社，ですか．それはまた別途検討課題とさせていただくとして，え？　クロアチア語ではドナウ川は Dunava なのか？　いいえ，Dunav です．上の文では Dunava と最後に a をつけて「ドナウの」という形になっていて，前の
　　　　　　　　　　　　　　　　　　ドゥナヴ
voda につながっているのです．このようにクロアチア語では，「ナニのなんとか」と言いたい場合には，名詞を「ナニの」という形に変化させて「なんとか」の後ろにおくのです．子音で終わる男性名詞では，最後に a をつけたのがその「ナニの」の形になります．「町の中心」だったら centar「中心」に，grad「町」を変化させた grada「町の」を後ろか
　　ツェンタル　　　　　　　　　　　　　　　　　　グラーダ
らくっつけて centar grada「町の中心」．

　だったら，a で終わる女性名詞の場合は？　最初から a がついてるからそのままでいいとか？　いえ，残念ながら，そうはいきません．ここはドナウですが，もしこの川の反対を流れる Vuka ヴーカ川だったら，

　Voda Vuke je plava.　　　　ヴーカの水は青い．
　　　　ヴーケ
　Voda rijeke Vuke je plava.　ヴーカ川の水は青い．
　　　　リィエケ

　さっきと同じ型の文ですが，川の名称が Vuka，あるいは「川」をつけて rijeka Vuka「ヴーカ川」に変わりました．そしてそれぞれ Vuka

が Vuke, rijeka が rijeke, つまり最後の a が e に変化しています. このように, a で終わる名詞の場合には最後の a を e に変えて「ナニの」とします. ついでにご質問が出る前に申し上げておきますと, 中性名詞の場合には, 最後の母音 o や e を a に変えます. たとえば jezero「湖」だったら jezera で「湖の」, more なら mora で「海の」. ですから,

Voda jezera je plava.　湖の水は青い.

Voda mora je plava.　海の水は青い.

こんな具合です. また, 気になるんだよなあ, と例のぶつぶつ屋のお客さま, 何でしょう?　子音で終わる男性名詞は最後に a をつけるって聞こえたんだよなあ, つまり, 子音で終わる女性名詞の場合は違うってことかなぁ, a で終わる名詞の場合は e に変えて「の」の形だから, やっぱり e をくっつけるのかなぁ. はいはい, お答えします. 子音で終わる女性名詞の場合には, a でも e でもなく, i をつけるのです. たとえば, とそこまでお話しすると, kokoš で例文作って!「ニワトリの色は緑い」がいい!とリクエストが. はあ……(でも「緑い」とは日本語ではいわないと思うけど),「色」は boja ですから, 文を作れば, こんなふうになりますでしょうか.

Boja kokoši je bijela.　ニワトリの色は白い.

あら, bijela は「白い」で緑ではないでしょう?　はい, 緑のニワトリはおりませんので, いくら例文とはいえ, みっともないかと.

【家族へのプレゼント】

　スラヴォニアをさらに西進して Đakovo ジャコヴォに来ました．この町の聖ペタル大聖堂は 19 世紀のクロアチア民族運動の指導者ストロスマイヤー司教によって建てられた赤レンガ造りの美しい教会．その聖堂のパイプオルガンの響きを堪能した後，外に出たお客さまが袋から取り出したのは大聖堂のミニチュアです．おみやげですか？　妻にプレゼントを，と思って，とはすてきですね．ではそれをクロアチア語にしてみましょうか．「買う」は kupiti，「プレゼント」は poklon を使います．
クビティ　　　　　　　　　　　　　　　ポクロン
まず，次のような文はもうよろしいですね．

　Ja sam kupio poklon.　私（男）はプレゼントを買った．
　　　　　クビオ

　poklon は男性名詞でモノなので「ナニを」は「ナニが」と同じ形です．ここに「妻に」を足しましょう．「妻が」は žena ですが，「妻に」とす
　　　　　　　　　　　　　　　　　　　　　　　　ジェナ
るためには，ちょっとした操作が必要です．

　Ja sam kupio poklon ženi.　私（男）は妻にプレゼントを買った．
　　　　　　　　　　　　ジェニ

　žena が ženi で「妻に」になるの？　はい，a で終わる名詞は，最後の a を u にすると「ナニを」ですが，i にすると「ナニに」の形になります．間違って Ja sam kupio ženu. なんて言ったら「私は妻を買った」，これはスキャンダルですよ．なら，「妻に約束した」なんて場合もこの形？　はい，「約束する」objećati を使えば，こうなります．
　　　　　　　　　　　　　　　オベチャティ

　Ja sam objećao ženi.　私（男）は妻に約束した．
　　　　　オベチャオ

　私も主人にプレゼントを買ったけど，約束はしなかったわ，とおっしゃる奥様，ご主人思いなことで．muž「夫が」のような男性名詞には，最
　　　　　　　　　　　　　　　　ムージ

後にuをつけると「ナニに」の形になります.

   Ja sam kupila poklon mužu.   私（女）は夫にプレゼントを買った.
   Ja nisam objećala mužu.   私（女）は夫に約束しなかった.
　　　ニーサム　オベチャラ

　約束しなかったほうは否定の形ですよ. はい？　だったら子供や孫
の場合はって？　そのご質問, 出ると思ったのですよ. えっとまず「子
供」は dijete で中性名詞です. 中性名詞ではふつう, 最後の o, e を u
に変えて「ナニに」の形になります. jezero「湖」は jezeru, more「海」
　　　　　　　　　　　　　　　　　　　　　　　　　　　イェゼル
は moru.　ですから,
　　モル

   Ja sam objećao moru.   私は海に約束した.

　なんて, なかなか詩的でしょ？　ということは,「子供にプレゼント
を買った」は Ja sam kupila poklon *dijetu* ね？　いいえ, それが少し
違うのです.

   Ja sam kupila poklon dijetetu.   私（女）は子供にプレゼントを買った.
　　　　　　　　クビラ　　　　　　ディエテトゥ

　あら dijetetu って, 舌もつれちゃったの？　いえっ, もつれてませ
ん！　一番最後の e が u になるのは規則通りですが, その前, dijet と
語尾の間に余分な et が入るのです. こんなふうに中性名詞には,「ナニ
が」以外の形になると変化語尾の前に, つなぎのパーツが追加されるも
のがあるのです. unuče「孫」も同じ, unuč と語尾の間に et が挿入さ
　　　　　　　ウヌチェ
れます.

   Ja sam kupio poklon unučetu.   私（男）は孫にプレゼントを買った.
　　　　　　　　　　　　ウヌチェトゥ

【ニコラ・シュビッチ，参上！】

　スラヴォニア最大の町 Osijek オスィエクに来ました．ドラヴァ川に面したこの町の夜は，オペラ『ニコラ・シュビッチ・ズリンスキー』を鑑賞して過ごしましょう．そう，オスマン軍と戦って壮絶な死を遂げた16世紀の名将を題材とした作品．すると，その話ならお任せを，ニコラ・シュビッチただいま参上！という声が．え？　きゃあ，ニコラ君よ！って，うそ，あらほんと，ニコラ君だ．なんでまた現れるわけ？　添乗員1人では心配だから派遣されて来た？　そりゃ，どうも．で，ここへはどうやって来たの？

　Ja sam putovao vlakom.　列車で旅しました.
　　　　　ブトヴァオ ヴラーコム

　それはご苦労さま．でもちょうどよかった．みなさまに今の「列車で」の形を説明してください，私たち目下「てにをは」の旅をしているので．そうですか．putovati は「旅行する」ですが，旅行には手段がいりますね，
　　　　　ブトヴァティ
車，飛行機，船，ズリンスキーの時代なら馬とか．vlak「列車」に om を足して vlakom という形にすると「列車で」，つまり「ナニで」とい
　　　　　　　　　　ヴラーク
う手段を表すことができるんです．この形で，道具を表すこともできるんですよ．そういってニコラ君，ポケットから万年筆を出して，あぁ，"Ja sam Nikola Šubić" と，ポスターに落書きしちゃった．

　Ja sam napisao nalivperom.　僕は万年筆で書きました.
　　　　　ナピサオ ナリヴペロム

　napisati は「書く」，nalivpero が「万年筆」ね，今この万年筆で書い
　　ナピサティ　　　　ナリヴペロ
たから nalivperom「万年筆で」となるわけです．うん，ニコラ・シュビッチがニコラ・シュビッチ・ズリンスキーのポスターにサイン，いいなぁ，って，あのね，自画自賛してないで，o で終わる中性名詞の場合

には m がつくという説明でいいんですか？　いや，というより，最後
の o をとって代わりに om をくっつける，というのが正しいですね．ま，
見かけ上は m が増えるだけですけど．それと，とニコラ君，次に鉛筆
を出して，ポスターの隅っこに "Volim Marinu." だって？　Volim は
voljeti「愛する」の 1 人称単数形，Marinu は Marina の「ナニを」の形，
だから「僕はマリーナを愛してる」？　あらら，そんなこと落書きして．
あはは，ま，いいから．これはこういうことかな．

　　Ja sam napisao olovkom.　僕は鉛筆で書きました.
　　　　　　　　　　オロヴコム

　ここでは olovka「鉛筆」を使いました．a で終わる名詞も，最後の a
　　　　　オロヴカ
の代わりに om をつけるので，olovkom として「鉛筆で」．大丈夫，こ
れは消しますから．ね，消しといてね，って，結局尻拭いは添乗員なん
だから，もう．では，こうですね．

　　Brišem brisačem.　私は消しゴムで消します.
　　ブリシェム ブリサチェム

　brišem は動詞 brisati「消す」の「私」に呼応した形で，brisač のほ
　　　　　　　　　　ブリサティ　　　　　　　　　　　　　　ブリサチ
うが「消しゴム」です．は？　「brisač で」なら brisačom ではないの
かって？　そうですね，前に男性名詞の複数形で grad から gradovi と
ov が入るものと，muž から muževi と ev が入るものがあるのを見たの，
覚えておいででしょうか．あれと同じ，つまり男性名詞で最後の子音が
č, ć, š, ž などになるものでは「ナニで」の語尾も om ではなくて em
になるのです．中性名詞も e で終わるものは em になります，krilce「翼」
だったら krilcem「翼で」．そうなんです，これが「ナニで」の形．で
　　　　クリルツェム
もどうして「でにをは」っていわないんだろう？と悩むニコラ君を先頭
に，残りの旅を続けてまいりましょう．

コラム

変化＋調和のこころ（その１）

....

　旅はオスィエクを発って北西に向かい進んで行くところ．しばらく単調な平原の道が続くので，この間を利用して，「変化」について少し補足しておきましょう．みなさま，「調和」の精神を覚えておいでですね，名詞に合わせて形容詞が形を変える，というアレです．この「調和」の精神は，名詞が「てにをは」で変化した時にも発揮されるのです．たとえば，

　　Ovo je bijelo vino.　これは白ワインです．
　　Volim bijelo vino.　　私は白ワインを好みます．

　vino は中性名詞で「ナニが」と「ナニを」で形が同じ，つまり名詞の形が変わりませんから，形容詞の形も変わりません．次に，

　　Ovo je hladna voda.　これは冷たい水です．
　　Volim hladnu vodu.　私は冷たい水が好きです．
　　　　フラドヌ　ヴァドゥ

　voda は vodu と形を変えて「ナニを」の形になりますが，その時には形容詞も合わせて変化するのです．女性名詞の「ナニを」に合わせた形容詞は u で終わりますので hladnu vodu のように語尾がおそろいの形になりますが，いつも名詞と形容詞がおそろいの語尾になるわけではありません．たとえばヒトを表す男性名詞 prijatelj「友人」に star「古い」
　　　　　　　　　　　　　　　　　　　　　　　　プリヤテリ　　　スタル
をつけた star prijatelj「古い友人」を変化させると

　　Volim starog prijatelja.　　　　　　　　私は旧友を愛しています．
　　　スタログ　プリヤテリヤ
　　Ja sam kupila poklon starom prijatelju.　私は旧友にプレゼントを買った．
　　　　　　　　　　　　　スタロム　プリヤテリュ

　このように形容詞は「変化」＋「調和」の精神で形を変えるのです．

....

コラム

変化＋調和のこころ（その２）

....

　それならと，バスの中で後ろから声をかけて来たのはイロクの叉焼の
お客さまです．だいぶ前に見た「私の」とか「この」とかいった言葉も，
形容詞と同じように「変化」に「調和」するの？　そのとおり，名詞に
くっついて名詞を修飾するたぐいのものはみな，名詞の「変化」に「調
和」して，形を変えるのです．ova čaša「このグラスが」の場合は，

　Ja sam kupio ovu čašu.　私はこのグラスを買った．
　　　　　　　オ ヴ チャシュ

čaša が「ナニを」の形 čašu になると，ova も形容詞の場合と同じよう
に最後を u に変えます．あるいは，moja olovka「私の鉛筆」だったら？
　　　　　　　　　　　　　　　　　　　　モ ヤ オロヴカ

　Nikola je uzeo moju olovku.　ニコラが私の鉛筆を取った．
　　　　　　　ウゼオ　モ ユ　オロヴクゥ

uzeo は動詞 uzeti「取る」の過去の形，ここでは「私の鉛筆」が「ナニを」
　　　　　　　ウゼティ
の形になっています．やはり moju と変化していますでしょう．少し「ナ
ニを」以外の形の例を挙げてみましょうか．

　Nikola je kupio poklon mom bratu.
　　　　　　　　　　　　　　モ ム ブラトゥ
　ニコラは私の兄弟にプレゼントを買った．
　Nikola je kupio poklon mojoj ženi.
　　　　　　　　　　　　　　モ ヨ イ ジェニ
　ニコラは私の妻にプレゼントを買った．

　ずいぶんいろいろ形が変わるんだなあ，とおっしゃいますが，それほ
どでもありませんよ．まあこのツアーでは，１つ１つの形より，そのし
くみ，つまり名詞の「変化」に合わせて，形容詞やそれに類した修飾の
言葉も変化する，ということをご理解いただければよろしいので．

....

【『ウボーイ』】

クロアチアとハンガリーの国境の地帯 Podravina ポドラヴィナをひた走るバスの中で，ニコラ君がみなさまに紙を配り始めました．見れば「U boj を歌おう」とあって，譜面までついています．オペラ『ニコラ・シュビッチ・ズリンスキー』の終幕の楽曲「ウボーイ」，日本では合唱曲の定番です．でも，ウボーイってカウボーイの親戚何か？　なんてお客さまがお尋ねですよ，ニコラ君，ご説明を．はい，u は「〜の中へ」という意味の言葉，後ろに行き先を表す名詞をおきます．たとえば，

Idemo u Čakovec.　私たちはチャコヴェツへ行きます．
イ デ モ ウ チャコヴェツ

Čakovec は次の目的地なので，目下の僕たちはこういう状況．ただしこの時，行き先を表す名詞は「ナニを」の形にします．

Idemo u Ameriku.　私たちはアメリカへ行きます．
ア メ リ ク
Idemo u školu.　　私たちは学校へ行きます．
シ コ ル

目的地が Amerika「アメリカ」や škola「学校」のような女性名詞なら，最後の a は u になります．さて boj は「戦い」，男性名詞で「ナニを」は「ナニが」と同じ形なので，"U boj" は「戦いの中へ」つまり「いざ出陣！」ていう歌なんです．♪ *Hajd' u boj, u boj!*（さあ戦いへ，戦いへ）——あらまあニコラ君，1 人で盛り上がっちゃって．まあ仕方ないか，ニコラ・シュビッチ・ズリンスキーがオスマン軍と戦った戦場はこの近くだし．ちなみにニコラ君が歌っている歌詞の Hajd' は「さあ！」というかけ声，正しく綴れば Hajde! となり，日常会話でもよく使われる表現です．
ハ イ デ

では，ニコラ君が 1 人で騒いでいる間に，もう少し違う表現について

見ましょう．次の文をご覧ください．

　Nikola toči vino u čašu.　ニコラはグラスにワインを注ぐ．
　　　　 トチ

　 točiti は「注ぐ」という動詞，なのでこれに u を組み合わせて使えば，「ナ
ニをナニ（の中）に注ぐ」という文を作ることができます．上の文では
「ナニを」が vino，「ナニの中に」が u čašu です．

　また，u と同じような働きをするものに na があります．na は基本的
に「〜の上に」という意味を表し，行き先を表す名詞は u の場合と同
じように「ナニを」の形にします．たとえばこんなことがいえます．

　Ptica je sletjela na krov.　鳥が屋根の上に舞い降りた．
　プティツァ　　スレティエラ　ナ　クロヴ

　 ptica は「鳥」，sletjela は動詞 sletjeti「舞い降りる」から作った過去
　　　　　　　　　　　　　　　　スレティエティ
の形，krov が「屋根」です．あるいはこんな文も作れます．

　Nikola je stavio čašu na stol.
　　　　　　スタヴィオ　　　　　　ストル
　ニコラはグラスをテーブルの上に置いた．

　 staviti は「置く」なので，na を組み合わせて「ナニをナニの上に置く」
　　スタヴィティ
という文を作ることができます．ここではグラスの行き先が na stol
「テーブルの上」というわけですね．na で面白いのは，文字通り「上へ」
でない場合，たとえば催し物などが行き先の場合にも使われることです．

　Idemo na koncert.　私たちはコンサートへ行きます．
　　　　　コンツェルト

　 koncert「コンサート」が行き先になる場合には na が使われるのです．

【最北の地にて】

Čakovec je u Međimurju.　チャコヴェツはメジムリェにある.
チャコヴェツ　　ウメジムリュ

　クロアチア最北の地 Međimurje メジムリェにある町 Čakovec チャ
コヴェツに着くとニコラ君が上のようにいいました. さて, u がまた出
てきましたが, Međimurje の最後が e ではなく u になっています. ニ
コラ君, 早く説明しないとまたお客さまにつっこまれますよ. あ, そう
か, さっきは u の後ろに「ナニを」の形をおいて「行き先」を表す言
い方を見ましたけど, u は「どこに (ある, いる)」という「位置」の
意味でも使うことができて, その時には, えっと, u の後ろは u になっ
て. ニコラ君, それではわかりにくいよ, 具体例で説明しましょう. 今
私たちが問題にしているのは「ありか」「居場所」です. この点によく
ご注意ください. さてここで, 人やモノのある「場所」を表すのが男性
名詞だったら, 次の文のように, 名詞の最後に u をつけます.

Mi smo u gradu.　私たちは町にいます.
グラードゥ

　中性名詞では, Međimurje が Međimurju のように最後の母音を u
に変えます. o で終わる名詞の場合も同じです. 前に訪れた Đakovo を
使うとこうなります.

Mi smo u Đakovu.　私たちはジャコヴォにいます.
ジャコヴゥ

　そして a で終わる女性名詞では, 最後の a を i に変えます.

Mi smo u sobi.　私たちは部屋にいます.
ソ ビ

　soba はおソバならぬ「部屋」でしたね, でもこれってえ, と背後か

らにじり寄るのは久々にハマりマダムのお声. ジャコヴォで見た, muž
が mužu になって「夫に」, žena が ženi で「妻に」の形と同じみたい. は
あ, やはりお気づきですか. そうなのです. 意味はまったく違いますが,
「ナニに」の形の語尾と, 今見ている, 場所を表す形の語尾, どの名詞
でも同じになるのです. 男性名詞なら最後に u をつける, 中性名詞で
は最後の o や e を u に変える, そして a で終わる名詞は a を i に変える.
それから, ついでに聞くけど, さっき見た「〜の上に」の na, あれも
同じように「〜の上で」と場所の意味でも使えたりするの？　はい, ご
明察. na も u と同じように, 後ろの名詞を, 場所を表す形にすると,

　　　Čaša je na stolu.　グラスはテーブルの上にある.
　　　　　　　ナ　ストルゥ

のようになります. 後ろの名詞の形は, u と一緒に用いられる場合と同
じです. なので中性名詞なら, 次のように変化します.

　　　Hotel je na moru.　ホテルは海辺にあります.
　　　　　　　　モ　ル

na moru は「海の上」ではなくて「海辺に」の意味です. 女性名詞
の場合も……. あれ, ヤッホー, とニコラ君が向こうで手を振ってます.

　　　Mi smo na granici.　私たちは国境の上にいます.
　　　　　　　グラニツィ

granica は「境界, 国境」, na granici と a を i に変えて, 場所を表す
形になっています. 話をしているうちに, いつの間にか私たちはハンガ
リーとの国境に来てしまったわけです. 確かに, こんなに近いんだもの,
ぼんやりしてたらたちまち国境侵犯してしまいそう.

【日本から来ました】

　メジムリェから南に下り，Varaždin ヴァラジディンに来ました．古く
からクロアチア北部の商業の中心地として栄えた町をご案内していると，

　Odakle ste?　どちらからお見えですか？
　オ ダ ク レ ス テ

　通りの花屋さんから声がかかります．odakle は「どこから」という
意味で，出身地を尋ねるときに使われる疑問の言葉です，ste は大丈夫
ですね，biti の vi に呼応した形ですよ．さて答えは？

　Mi smo iz Japana.　私たちは日本から来ました．
　　　　　イ ズ ヤ バ ー ナ

　こう答えればいいんですよ，とニコラ君．でもそういう本人は，

　Ja sam iz Zagreba.　僕はザグレブの出身です．
　　　　　ザ グ レ バ

　iz は「〜から」という意味を表す言葉で，後ろに出身地を表す名
詞をおけば，花屋さんの質問の答えになります．でも iz Japana，iz
Zagreba と Japan「日本」や Zagreb に a がついていますね．そう，こ
　　　　　　　　　　ヤ バ ー ン
れは「ナニの」の形です．iz と結びつくと名詞は「ナニの」の形に．

　Šubić je iz Međimurja.　　シュビッチはメジムリェの出身です．
　　　　　　　メ ジ ム リ ャ
　Moja žena je iz Amerike.　私の妻はアメリカ出身です．
　モ ヤ ジ ェ ナ　　ア メ リ ケ

　中性名詞の最後の o や e は a に，a で終わる女性名詞の最後は e に変
わります．ですから Međimurje なら iz Međimurja，Amerika なら iz
Amerike．「ナニの」の形はこんな時も活躍するんですよと，ニコラ君．

　Putovanje od Iloka do Varaždina.　イロクからヴァラジディンまでの旅．
　プ ト ヴ ァ ニ ェ オ ド イ ロ カ ド　ヴ ァ ラ ジ デ ィ ナ

　ふむ，そうですね，od は「から」，do は「まで」．どちらも後ろの名詞を「ナニの」の形にして，出発点と到着点を表すものです．od と do は場所だけではなく，時間の「から，まで」を表すこともできます．

Izložba je otvorena od srijede do subote.
イズロジバ　　オトヴォレナ　　スリィエデ　ド　ス ボ テ
展示会は水曜から土曜まで開いてます．

　izložba が「展覧会」，otvorena は「開いている」，ここでは srijeda「水曜日」から始まって subota「土曜日」まで続くことが表されています．
スリィエダ
　od は他に，材料や原因なんかも表せますよ，とまたニコラ君が．
スボタ

Ova kuća je od kamena.　この家は石でできています．
クチャ　　　　　カメナ
Dijete plaće od gladi.　　子供が空腹で泣いている．
ディエテ プラチェ　　グラーディ

　最初の文では，kamen「石」が od kamena となって「石から（できた）」，次の文では glad「飢え」が od gladi で「飢えから」．glad は例
カメン
の，子音で終わる女性名詞なので「ナニの」の形は最後に i がつきます．
グラード
plaće は動詞 plakati「泣く」の変化した形です．
プラカティ
　さて，u や na，それに iz，od，do のように，名詞のすぐ前において名詞の働きを助けるものを前置詞といいます．クロアチア語にはさまざまな前置詞があり，それぞれが後ろに来る名詞の形を決める力を持っているのです．ところで，旗は？　急にニコラ君が尋ねます．は？　ハタ？　おお，わがビィエラ・ヴォダ社のニワトリ印の旗！　もちろん，

Zastava je u torbi.　旗はバッグの中にあります．
ザスタヴァ　　ウ トルビ

　zastava が「旗」．ちゃんと，torba「バッグ」の中にしまってあります．「中に」だから torba は u torbi となります．

【代用品も変化します】

　明日はザグレブへ戻るという最後の日は，ヴァラジディン郊外の観光
農家で体験ツアー，畑の手入れや牛の餌やりに挑戦です．少しすると農
家の人が大きなチーズのかたまりを見せて私たちにいいました．

Želite probati ovaj sir?　このチーズを試食してみたいですか？
ジェリテ プロバティ オヴァイ スィル

　želite は željeti「望む」の vi に呼応した形，後ろに動詞 probati「試す」
ジェリェティ
の基本形をおいて「試すことを望む」，つまり sir「チーズ」を試食した
いかと聞いているのですが，さて，どうしましょう．

Ja ću ga probati.　僕がそれを試しましょう．
チュ ガ

　ニコラ君がまっさきに手を挙げます．あれ旨そうだな，と横で見てい
るお客さま，でも今の「ガ」って何だ？　ga ですか？　ga は，名詞の
代わりに使われるもの，つまり代名詞の 1 つで，男性名詞の「ナニを」
の代用品です．今ニコラ君は「チーズを」の代わりに ga「それを」と
いったわけです．新鮮なミルク mljeko を勧められた場合も Ja ću ga
ムリィエコ
probati. と言うことができます．どうして？　中性名詞の「ナニを」の
形の代用品も男性名詞の場合と同じ ga だからです．でも，ええっと，あっ
ちのみずみずしいリンゴだったら，だめですよね，

Želite probati ovu jabuku?　このリンゴを試食してみたいですか？
オヴ ヤブクッ

と聞かれたら，少し違う答えになります．

Ja ću je probati.　僕がそれを試しましょう．
イエ

　jabuka「リンゴ」は女性名詞なので，女性名詞の「ナニを」の代用
ヤブカ

品 je を使わなければなりません. この je って, biti の 3 人称単数の je「です」と同じ形で少々まぎらわしいのでご注意ください.

　でも, あのチーズ, 旨そうだなあ, と, どうもこちらの説明そっちのけのお客さま. では, こうしましょうね.

　Dajte mu ga, molim!　彼にそれをあげてください, お願いします！
　　ダイテ　ム　ガ　モリム

　農家の人にお願いします. dajte は動詞 dati「与える」から作った「あげてください」と人に頼む形, ga はすぐ上で見た「それを」です. その間にある mu も名詞の代わりに使う代用品の 1 つ, 男性名詞の「ナニに」に代わる代名詞です. ここでは「誰々さんに」と具体的に言う代わりに「彼に」の意味で使っているわけです. あー, あたしも欲しい！　と別の女性のお客さま. はいはい, 了解しました,

　Dajte joj ga!　彼女にそれをあげてください！
　　　　ヨイ

　女性名詞の「ナニに」に代わる代用品は joj となります.

　つまりぃ, と, 農場に来ても手に「クロアチア語のしくみ」と書かれたノートを抱えたハマりマダム, 名詞の代用品になる代名詞にも, 名詞の「てにをは」にそれぞれ対応した形があるというわけね？　はい. 私たちのツアーでそのすべてを御覧にいれることはできませんが, その通りなのです. そうなの, それにしてもこのチーズ, おいしいわねぇ.

　Volim ga.　私はそれが好きです.
　　ヴォリム

　おお, すばらしい. マダムのお気に召して, 安心いたしました.

【ザグレブに戻ります】

Vraćamo se u Zagreb.　　私たちはザグレブへ戻ります.
ヴラチャモ セ ウ

　ザグレブに近づくバスの中, ニコラ君がうきうきしています. やはりホームに戻るのが嬉しいんですね. はい？　vraćamo se は何かって？　vraćamo のもとの形, vraćati だけなら「返（帰）す」という動詞です. これは「ナニ / ダレを返（帰）す」のように使います.
ヴラチャティ

Vraćam knjigu.　　　　私は本を返します.
クニィグゥ
Vraćamo dijete kući.　　私たちは子供を家に帰す.
ディエテ クチ

　kući は kuća「家」が変化した形で「家へ」という意味です. ところがこの動詞に se というチビのおまけをつけると, 最初の文のように,「ナニ／ダレが返（帰）る」という意味になるのです. se はもともと「自分自身を」という言葉なのですが, これを「ナニをどうする」という表現を作る動詞につけると,「ナニがどうなる」という意味になる, ですから,「を」を「が」に変える秘密兵器, とでもいいましょうか. たとえば, otvarati「開ける」でも同じことができます.
オトヴァラティ

Nikola otvara prozor.　　ニコラが窓を開ける.
オトヴァラ プローゾル
Prozor se otvara.　　　　窓が開く.

　otvara prozor は（ダレが）prozor「窓を」開けるという動作を表しますが, otvara se prozor とすれば「窓が開く」となります.
　もっとありますよ, とニコラ君. いまさら, ではありますが.

Zovem se Nikola Šubić.　　私はニコラ・シュビッチといいます.
ゾヴェム セ

ほんとに, いまさら, ではありますが, そうですね. zovem se とい
う表現, 動詞の基本形は zvati「呼ぶ」で, se のない形では,
ズヴァティ

Zovemo ga Kola.　私たちは彼をコラと呼ぶ.
ゾヴェモ ガ コラ

こんなふうに使うことができます. ga はすぐ前に見た名詞の代用品,
ここでは「彼を」の意味ですね. この形の文では,「ダレを何々と呼ぶ」
となっています. ところが se がつくと「何々と呼ばれる」になり, 上
のように, 自分の名を名乗る場合に使うことができるのです. また, こ
んな文もできますよ.

Kako se zove ovo?　これは何ですか？（直訳：何と呼ばれているか？）
カ コ　セ ゾヴェ オヴォ

kako は「どのように」を尋ねる疑問の言葉, なので ovo「これが」
どのように呼ばれているかをこんなふうに尋ねることができるのです.
　まだまだありますよと, またまたニコラ君. たとえば, 僕たちの旅も
そろそろ終わりですけど, 再会を約束して別れるとき, 言うでしょ.

Vidimo se!　会いましょう！
ヴィディモ セ

ああ, そうでしたね. vidjeti「見る」は「ナニ／ダレを」見るとして
ヴィディエティ
使う動詞でした, ほら Vidim vuka!「オオカミが見える！」のところで
ヴィディム ヴーカ
出てきた. この「ナニを」の代わりに se を入れると「お互いを見る」,
つまり「会う」になるのです. se は「お互いに～する」という意味を
作ることもできるのです.

まとめは箇条書きで

....

　みなさまにわかっていただけたかなぁ，クロアチア語の「変化」のしくみ．久々のザグレブは相変わらずの賑わい，ニコラ君がカフェでエスプレッソをすすりながらつぶやきます．もちろんですよ，そりゃ，要点は押さえましたからね．でも，旅行の最後には旅費の清算とか，写真の整理とかするじゃないですか．あれと同じで，ここでまとめておきましょうよ，とはニコラ君，珍しくまともね．ではクロアチア語の「変化」のしくみ総集編といきますか．えっと，あのねぇ，整理する時は箇条書きにって小学校の時マリア・ユリッチ先生に習ったよ．あら，そうなの（何よ，マリア・ユリッチ先生って，もう），ではカジョー書きで．

一，「てにをは」は名詞の語尾を変化させることで表されます．それと，ツアーの中ではお話ししなかったけれど，ここで追加しておきましょう，クロアチア語の「てにをは」には次のような名前がついていて，それぞれを日本語にあてはめるとおおよそこんなふうになります．主格「が」，生格「の」，与格「に」，対格「を」，造格「で」，そして前置格「〜（の中／上）で」．あと呼格という，呼びかけの時だけに使う形があります．

一，男性名詞では，「ナニが」と「ナニを」の形が同じ場合と違う場合があって，その区別の決め手は「動くイキモノ」かどうかです．でも，イソギンチャクはどっちかなんて質問がでないでよかったね，だって？　ニコラ君，余計なこというんじゃないの．

一，名詞は男性，中性，女性のグループごとに，そして単数と複数で変化語尾が決まっています．これはもう，覚えるしかない．

　あらら，zastava, zastavu, zastavi, zastavom と，わが社の旗を振って遊びだしたニコラ君，箇条書きはもういいんですか？

....

疑問の言葉も変化する

　ニコラ君が旗を振りながらカフェを出て行ってしまったので，最後に疑問の言葉についてお話しすることしましょう．tko は「誰が」という疑問の言葉でしたね．こういう疑問の言葉も変化するのです．たとえば，

Koga vidite?　誰が見えますか？（直訳：あなたは誰を見ますか？）
コ ガ ヴィディテ

こんなふうに「誰を」の場合には koga となります．「誰に」になると

Kome ste kupili poklon?　誰にプレゼントを買ったのですか？
コ メ ステ クピリ ポクロン

Ja sam kupio poklon ženi. で見た文が疑問文になって「誰に」を尋ね
ジェ ニ
ているわけです．前置詞と一緒に使う場合も変化します．s は「と一緒に」
という意味で，後ろに道具の「で」の形をとりますが，この場合は，
ス

S kime ste putovali?　誰と一緒に旅行しましたか？
キ メ 　　プトヴァリ

一方，od「から」と一緒に用いると次のようになります．
オド

Od koga ste dobili poklon?　誰からプレゼントをもらったのですか？
ド ビリ

dobiti は「得る」，od の後ろにくる koga「ナニ／ダレの」の形は，
ドビティ
上に出てきた「誰を」と同じです．što「何が」も変化して čega「何の」，
シト チェガ
čemu「何に」のようになります．あれぇ，とまた戻ってきたニコラ君，
チェム

O čemu govorite?　何について話しているのですか？
オ チェム ゴヴォリテ

govoriti は「話す」，o は「〜について」という前置詞で，これと一緒に
ゴヴォリティ
なると što はこのように変化するのです．

4 数のしくみ

【数字と数え方】

　旅行で重要なこと，もちろんいろいろありますが，やはりお金の勘定ですよね，つまり「数」．それならお任せください，とまた出てきたニコラ君，お客さまの広げたお土産の包みに数字を書き始めます．

0 nula	1 jedan	2 dva	3 tri	4 četiri	5 pet
ヌラ	ィエダン	ドヴァ	トリ	チェティリ	ペート
6 šest	7 sedam	8 osam	9 devet	10 deset	
シェースト	セダム	オサム	デヴェト	デセト	

　これが最初の 10 までね．はい，みなさまあとについて発音して，なんて，ニコラ君，先生気取りですが．あ，ほんと，deset って書いてある！　そうおっしゃるのは 10 クーナ紙幣を取り出したお客さまです．今気がついたけど，お札の裏にプーラの円形競技場の絵が印刷されてる！　ここも行ったねぇ．あら，でも 1 クーナは jedna kuna だって，1 は jedan なんでしょう？　こちらは 1 クーナ硬貨を見ていたお客さまのご指摘．はい，そうなのです．「1」は，ほかの数の言葉と少々違って，形容詞のような性質をもっていまして，後ろの名詞に合わせて変化するのです，たとえば，文にするとこんな形になります．

U gradu je jedan park.　　　町には公園が 1 つある．
ウ　グラードゥィエ　パルク

U gradu je jedna knjižnica.　町には図書館が 1 つある．
　　　　　　　クニィジニツァ

U gradu je jedno kazalište.　町には劇場が 1 つある．
　　　　ィエドノ　カザリシテ

　こんな具合，jedan がそれぞれ形容詞と同じような形になっていますでしょ？　そして kuna は女性名詞なので，1 クーナは jedna kuna となるわけです．

　だったら 2 クーナはどうして dvije kune になってるの？　先のお客
　　　　　　　　　　ドヴィエ　クーネ

さま，今度は２クーナ硬貨を取り出してご質問．はい，まず２には dva と dvije という２通りの形がありまして，とここまで聞いて，またまた面倒な話になりそうだと嫌な顔をされているお客さま，ご安心を．数を表す言葉で，一緒に使う名詞によって形を変えるのは１と２だけですから．さて２の場合には，名詞が男性名詞もしくは中性名詞なら dva，女性名詞なら dvije となります．そして名詞の方も形が変わります．

U gradu su dva parka.　　町には公園が２つある.
　　　　　　パ ル カ

U gradu su dva kazališta.　町には劇場が２つある.
　　　　　　カ ザ リ シ タ

U gradu su dvije knjižnice.　町には図書館が２つある.
　　　　　　　クニィジニツェ

こんな感じ．え？　２つになったのだから，名詞は複数形じゃないのかって？　それがちょっと違うのです．park が parka，kazalište が kazališta になっているでしょう？　これ，ジツハ（ひさびさに出たジツハ！）単数形の「ナニの」の形なのです．これが２と一緒に使うときの名詞の形のしくみ．けれど動詞のほうは su と複数形になります．でも５クーナは pet kuna とまた kuna の形になってるよ．どうなってるのかな？　とこれは，また先ほどのお札のお客さま．ええと，ですね．pet の後ろの kuna は，見た目は jedna kuna の時の kuna と同じですが，　　　　　　　　　　　　　　　　　　　　　　　　　　　　　　　ク ー ナ
ジツハ（お，ジツハの連発！）これは複数形の「ナニの」の形なのです．発音すると kuna の最後の a が単数の「クーナ」より長くなって「クーナー」となります．

　数を表す言葉と一緒に使われる場合，名詞は数が２〜４までなら単数形の「ナニの」の形，５以上なら複数形の「ナニの」の形になる，と覚える必要があるのです.

【時刻の言い方】

Koliko je sati?　何時ですか？
コ リ コ ィエ サーティ

　旅行中は，正確な時刻を知ることも必要ですね，集合時刻に遅れない
ようにしないと，おいてけぼりをくってしまいますし．時刻を尋ねたい
場合は，上のようにいいます．koliko は「どれだけ」とモノの数や量
を尋ねる疑問の言葉，sat が「時刻」です．sati はこれで複数形なので
すが，動詞はふつう je と単数形を使います．さて，上のように尋ねら
れた場合，答えは，さっき見た数を表す言葉を組み合わせます．

Jedan sat.　1 時.
ィエダン

Dva sata.　2 時.
ドヴァ サータ

Pet sati.　5 時.
ペート

　こんな具合になります．sat の形がみな違いますね．sat は男性名詞
なので「1時」なら1は jedan，sat「時」は単数の「ナニが」の形のま
まです．2時では2のほうは dva，そして sat は単数の「ナニの」の形
になるので a をつけて sata となります．3時，4時もこれと同じで tri
sata，četiri sata です．「5時」つまり5と一緒に用いられる場合，名詞
は複数の「ナニの」の形になるわけですが，sat はその他の名詞とは違
う語尾をとって sati という形になります．5から上の数と結びつく場
合はいつもこの sati になります．

Osam sati.　8 時.
オサム

Deset sati.　10 時.
デセト

U koliko sati idemo?　何時に私たちは行きますか？
ウ コ リ コ サーティ イ デ モ

　すぐ上の文では koliko の前に u がついています．こちらは「何時に」と，物事が起こる時刻を尋ねる言い方です．このように尋ねられたら

　Idemo u jedan sat.　私たちは 1 時に行きます．
　Idemo u dva sata.　私たちは 2 時に行きます．
　Idemo u pet sati.　私たちは 5 時に行きます．

　先ほどの時刻の言い方と同じですが，いずれも数の表現の前に u がついています．次の場合も同じです．

　Idemo u pola pet.　私たちは 4 時半に行きます．
　　　　　　ポ ラ

　pola は「半分」です．これを数の言葉の前におくと「何時半」という表現ができます．ただし後ろの数との関係に注意してください，pola pet はそのまま訳すと「半分，5」ですね，これで 4 時半の意味です．くれぐれも 1 時間間違えないように．
　「時刻」を表す sat は「時間」の意味でも使われます．たとえば，

　Čekamo dva sata.　私たちは 2 時間待っています．
　　チェカモ

　čekati は「待つ」，dva sata は先の「2 時」という言い方と同じ形ですが，
　チェカティ
ここでは「2 時間」の意味です．旅行中最悪なのはこういう事態ですね，事故や悪天候で予定していた交通機関がストップして，なんて．みなさまの旅にはこんなことがありませんよう，お祈りしております．

【1月1日生まれ】

　クロアチアのパスポートってどんなの？　見せて，というお客さまに
ニコラ君が Izvolite.「どうぞ」と putovnica「パスポート」を見せると，
誕生日の日付が「1.1.」，つまり1月1生まれってこと？　そうですよ．

Moj rođendan je prvi siječnja.　僕の誕生日は1月1日です．
モイ ロジェンダン イェ プルヴィ スィエチニャ

　なるほど，性格と同じで誕生日もおめでたいんだ，ニコラ君．
rođendan は「誕生日」，さて日付の言い方ですが，prvi は「第一番目の」，
つまり jedan「1」に対して順番を表す言葉です．次の siječnja はもと
の形が siječanj で「1月」，これの「ナニの」の形に変化したものです．
男性名詞の「ナニの」の形はこれまで見てきたとおり，最後に a をつけ
るのですが，名詞によっては siječanj—siječnja のように一番最後の子
音のもう1つ前の母音 a を落として変化形ができるものがあるのです．
ですので prvi siječnja で「1月の第一番目」，つまり元日のこと．こん
なふうに，日付を表す場合には，jedan, dva という「数」を表す言葉
ではなく，prvi「第一番目の」のような順序を表す言葉を用いるのです．
　順番を表す言い方を挙げてみますと――

drugi 二番目の ドルギ	**treći** 三番目の トレチ	**četvrti** 四番目の チェトヴルティ	**peti** 五番目の ペーティ	
šesti 六番目の シェースティ	**sedmi** 七番目の セドミ	**osmi** 八番目の オスミ	**deveti** 九番目の デヴェティ	

　数を表す言葉と大きく形が違うのは prvi と次の drugi「二番目の」だ
け，あとは数の言葉と似たような形です．私は8月5日が誕生日なんだ
けど，その場合はどうなるの？とお尋ねのお客さま，その場合は，この
ように答えればよろしいかと．

Moj rođendan je peti kolovoza.　私の誕生日は８月５日です.
コロヴォザ

「8月」はクロアチア語では kolovoz なので，これを「ナニの」の形
コロヴォズ
にして，何番目の，という言葉の後ろにおけばいいのです.

　順番を表す言葉は形容詞のようにも働き，その場合には後ろにくる名
詞に形を合わせて変化します．次の表現をご覧ください．

prva godina u Japanu　　日本での最初の年
プルヴァ ゴディナ ウ ヤパーヌ

drugo ljeto na moru　　海辺での二度目の夏
ドルゴ リェト ナ モ ル

treći dan u hotelu　　ホテルでの３日目
トレチ ダン ウ ホテル

　それぞれ godina「年」，ljeto「夏」，dan「日」に合わせて，順番を
表す言葉も形容詞の場合と同じように変化します．

　やや難易度が高くなるのが，「何月何日に」と，出来事の日付をいう
場合．たとえば「1月1日に」という場合，どうなるでしょうか．

Nikola je rođen prvog siječnja.　ニコラは1月1日に生まれた.
ロジェン プルヴォグ スィエチニャ

rođen は先の rođendan の前の部分と同じ形ですが，これで「生まれ
た」という意味，ここは男性形です．さて，「何日に」と言う場合には，
日付の表現を「ナニの」の形にします．日付に用いる「何番目の」とい
う言葉は形容詞のように変化しますので，「1日に」は上のようになる
のです．8月5日生まれの女性が自分の誕生日についていうなら，

Ja sam rođena petog kolovoza.　私（女）は8月5日に生まれました.
ロジェナ ペートグ コロヴォザ

分まで正確に

Vraćam se u pet i tri.　5時3分に戻ります.
ヴラチャム セ ウ ペー テイ トリ

ニコラ君がそういって出て行こうとします. pet i tri「5と3」, いや
に簡単ですが, 会話では, 時刻の話だとわかっている場合にはこんなふ
うに数だけを挙げていいます. でも, どうして5時3分なの? だって,
日本人は時刻に正確でしょ? だからなるべく正確に, と思って. あ,
そう, キミの思考はよくわかんないけど, 正確に, というなら表現を正
確にしてくれる? 上の表現を正しくいうと, こうですね.

Vraćam se u pet sati i tri minute.　5時3分に戻ります.
サーティ　　　　ミヌーテ

「分」は minuta, なので1分なら jedna minuta, 2分や3分では
minuta の最後が e になって minute, 5以上の数と一緒になる場合に
は, 前にお話ししたように, 名詞は複数の「ナニの」の形になるので,
minuta です. 本編では名詞の複数形の変化についてお話ししませんで
したが, ここで複数の「ナニの」についてだけご説明しましょう. 複数
の「ナニの」の形は一番最後が a (長くのばす a) になります.

grad なら pet gradova　　「5つの町」
グラドヴァー
selo なら pet sela　　　「5つの村」
セラー
žena なら pet žena　　　「5人の女性」
ジェナー

ですから「5分」は pet minuta です. ただし sat は変則的に, pet
sati のように, sati というのが複数の「ナニの」の形になるのです.

コラム

もっと大きな数

....

　1から10までだけなんて，小学生以下ですよ，もっと大きな数も見ましょうよ，ニワトリの旗を振りながらそういうニコラ君のほうがよほど子供みたい．でもそれなら「大きな数」について説明してください．

　えっと，milijun「百万」！　あのね，突然大きすぎ．順にいきましょう．

11	jedanaest（イェダナエスト）	12	dvanaest（ドヴァナエスト）	13	trinaest（トリナエスト）	14	četrnaest（チェトルナエスト）
15	petnaest（ペトナエスト）	16	šesnaest（シェスナエスト）	17	sedamnaest（セダムナエスト）	18	osamnaest（オサムナエスト）
19	devetnaest（デヴェトナエスト）						

これらでは，後ろに名詞がくる時，名詞は複数の「ナニの」の形なので

jedanaest gradova（グラドヴァー）　11 の町　　dvananest stolova（ストロヴァー）　12 個のテーブル

こんなふうになります．20から上の数は？

20	dvadeset（ドヴァデセト）	30	trideset（トリデセト）	40	četrdeset（チェトルデセト）	50	pedeset（ペデセト）
60	šezdeset（シェズデセト）	70	sedamdeset（セダムデセト）	80	osamdeset（オサムデセト）	90	devedeset（デヴェデセト）

これらの間，つまり21や34などはこれら10の位を表す数の後ろにi「と」と1の位の数をくっつけていいます．そして後ろに名詞がくる場合，名詞の形は1の位の数によって決まります．だから，

dvadeset i jedan stol　21 個の椅子　　trideset i dva stola　32 個の椅子

　1の位が「1」だと stol「椅子」は単数形，2だと単数の「ナニの」の形になってしまうんです．計算のできない子供みたい．だからクロアチア人は商売が下手なのかって，ニコラ君，それは関係ないと思うけど．

....

5 実際のしくみ

【駅のしくみ】

旅の醍醐味は鉄道にあり，という方，いらっしゃいますよね．たしかに鉄道駅，とくにターミナル駅には旅の情緒があふれています．

クロアチア鉄道の要は首都ザグレブの中央駅 Glavni kolodvor.
glavni は「主要な」，kolodvorが「駅」．下の写真がそのホームの風景です．
ザグレブとクロアチア各地，そしてヨーロッパ各都市を結ぶ列車が，ここを中心に発着します．

ホームには，上の写真に見えるように，列車の発着を示す電光掲示板が吊り下げられています．上の写真では ODLAZAK「出発」という文字が見えますね．これから出発する列車が表示されているわけです．この「出発」の反対側は「到着」の表示になっていて，その文字板の部分だけを拡大したのが右ページの写真です．

SATI	VLAK	SMJER	PERON	KOL	KASNI(min)

まず一番上に DOLAZAK「到着」の表示．そしてその下に（字が
小さいですが）左から SATI（時刻），VLAK（列車），SMJER（方面），
PERON（ホーム），KOL.（kolosjek 線番）と並んで一番右端の KASNI
は「遅延」の意味．ですからここで一番上に表示されているチャコヴェ
ッツからの 07:48 の列車は，90 分遅れの到着ということのようです．他
の列車も遅れぱかりですよぉ，とぼやく声は，われらがニコラ君．9 時
18 分のヴコヴァールからの列車の「3 分」なんて正確な遅れも怪しいし，
正確さで有名な日本の鉄道に比べて，なんか恥ずかしいなぁ……．でも，
何でも分刻みなどこかの国と，どっちが幸せかなのか，わかりませんよ，
ニコラ君．

　さて，電光掲示板の一番下をご覧ください．これ，文字が右から左に
流れている途中を写したものなので，「....」の後ろから始まります．最
初が SRETAN PUT「よいご旅行を」，ŽELE は željeti「願う」の 3 人
称複数に呼応した形，VAM は「あなた方に」．そして誰が願うかとい
うと，右端から左につながって HRVATSKE ŽELJEZNICE「クロア
チア鉄道」．なので全部つなげて，ふつうの文の形にすると——

　Hrvatske željeznice žele vam sretan put.

　クロアチア鉄道が皆様によいご旅行をお祈りします．

【市場のしくみ】

　本編で「これは何ですか」とキュウリ問答をしたザグレブの Dolac という市場は 1 年中色鮮やかな野菜や果物を載せた露台でにぎわっています．もう 1 度 Dolac に戻って，露店を見物しましょう．下の左側の写真には DOMAĆA SVJEŽA PAPRIKA とあります．domaća は「家庭の，ホームメードの」ですが「国産の」という意味でも使われます．svježa は「新鮮な」，つまり国産とれたてパプリカ，というわけ．その下には 10,00kn とあります．kn は kuna を略した書き方，市場ではふつう 1 キロの値段を表示しますので，1 キロ 10 クーナです．

　さて右側の写真はおいしそうなブドウ，そして BIRAJTE SAMI!!! とあります．birajte は動詞 birati「選ぶ」が変化したもので「あなた／あなた方が選びなさい」という命令の形．sami は「自分自身が」，「自分」にあたる人に合わせて sam（男性単数），sama（女性単数）と変化し，ここでは vi に合わせて sami と複数形になっています．なので Birajte sami. で「あなたが自分で選んでください」．好きなのを選んで天秤ばかりに載せると，お店の人が重さを量って値段を計算してくれます．分銅で重さを量るという老テク天秤ばかり（左の写真の左上隅にちょっと

写っています），ここでは今も大活躍なのです．

　青空市場の一角にはコンクリートの建物があり，その入口に
RIBARNICA という表示が（下の左の写真）．さて何でしょう？　ヒン
トは riba が「魚」．といえば，おわかりですね，「魚市場」です．

　その入口の右側に，何やら文字が書かれた表示板がついています．こ
れを拡大したのが右の写真．さて，一番上の TRŽNICA が「市場」．そ
の下に，RADNO「仕事の」VRIJEME「時」，つまり営業時間が示さ
れています．いつやっているのでしょうか．まず RADNI DAN「仕事
の日」ですからウィークデーは，朝7時から午後2時まで（時刻はふつ
う24時間表示です）．SUBOTA「土曜日」も同じですね．NEDJELJA「日
曜日」は午後1時まで．土日も営業しているのです．さてその下
は？　あら，犬の顔が「禁止」マークの中に入って，ZABRANJENO
UVODITI PSE とあります．zabranjeno は動詞 zabraniti から作った
形で「禁じられた」，uvoditi は「連れて入る」，psc は pas「犬」の複
数形の「ナニを」の形，ですからマークのとおり，「犬連れ込み禁止」．
ならネコはいいのかなぁ？とニコラ君．でもネコを連れて買い物にくる
人って，ふつういる？

【新聞のしくみ】

　Dolac の隅に新聞売りのスタンドが出ています．その日の新聞や週刊誌の最新号がずらりと，ここではせんたくばさみでとめてあります．左のマダムは，お財布を手に，何か買うつもりでしょうか．

　では私たちも，この写真の一部を拡大して，クロアチアの新聞をちょっと眺めることにしましょう．中央の日刊紙の部分を大きくしたのが右ページの写真です．左が Vjesnik『ヴェスニク』紙，右が Večernji list『ヴェチェルニィ・リスト』紙，どちらもユーゴ時代から発行されている有力紙で，この日の一面では同じ事件が扱われています．ここでは，右の『ヴェチェルニィ・リスト』紙の見出しを詳しく見ることにしましょう．Tukli ga pred 20 očevidaca と書かれています．最初の tukli は
トゥクリ　ガ　プレド　ドヴァデセト　オチェヴィダツァー
基本形が tući「殴る」という動詞の過去形，最後が li となるのは，男
トゥチ
性名詞複数形の主語に合わせた形です．文法的には tukli su と，biti の
3 人称複数形をいっしょに使うのが正しいのですが，新聞の見出しなどでは，このような要素はよく省略されます．

　これで「(彼らは) 殴った」．傷害事件か何かのようですよ．次の ga は代名詞，男性単数の「ナニを」を受ける形で，ここでは「彼を」の意味です．pred は前置詞「前で」，後ろの名詞は「ナニで」の形になりますが，ここは数の 20 なのでそのままです．そして最後の očevidaca はもとの形が očevidac「目撃者」，一番最後に a のくっついた形で複数の「ナニの」の形です．そこで全部つなげると「(彼らは) 彼を 20 人の目の前で殴った」．この記事，その前日にある企業家が白昼 2 人の暴漢に鉄パイプで襲撃されたという事件を扱ったものなのです．幸い被害者の方，命に別条はなく，病院で「犯人の顔は見たぞ」といきまいていたとか．ところで，この文のように，動詞を 3 人称複数形にして，「誰が」の部分を言わないままにしておくと，主語がぼかされるために，受け身の表現，この場合は「彼は殴られた」のようなニュアンスが出せるのです．ちょっと物騒な「新聞のしくみ」になってしまいましたね．クロアチアは全般に治安のよい国ですが，やはりこうした事件も起こるもの，だから新聞も売れる，というわけでもないでしょうけれど．

【音楽 CD のしくみ】

　実際のしくみでぜひ取り上げてくださいよ，とニコラ君がもってきた
のが，ツアーの中で何度も出てきたオペラ『ニコラ・シュビッチ・ズリ
ンスキー』の CD．下はそのジャケットの中央部分です．

　作品のタイトル *Nikola Šubić Zrinski* の下にある Ivan pl. Zajc とい
うのが作曲者の名前ですが，名前の Ivan と姓の Zajc の間に pl. という
変なものが入っています．これは plemić「貴族」の形容詞 plemeniti
の省略形，つまり貴族の称号を意味します．ドイツ貴族の称号 von「フ
ォン」はよく知られていますが，それのクロアチア版といったところで
すね．ちなみにザィツは 1832 年生まれ，このオペラの初演は 1876 年
です．

　さて，写真の下の部分には Glazbena tragedija u tri čina と書か
れています．最初の glazbena は glazba「音楽」から作った形容詞，
tragedija「悲劇」にかかります．u と tri は本編で見ましたね，前置詞
と数の 3 です．最後の čina のもとの形は čin，ここではオペラの「幕」
なので，u tri čina で「3 幕で演じられる」といったところ，全体を直

訳すると「音楽的悲劇全3幕」となります.

　もう1つ,CD をご紹介しましょう.ダルマチアのツアーで登場した klapa「クラパ」のものです.一番上に ISPOD SUNCA ZLATNOGA とありますね.ispod は前置詞「～の下に」,後ろの名詞は「ナニの」の形になります.sunca は sunce「太陽」の「ナニの」の形,zlatnoga は zlato「黄金」の形容詞 zlatno が sunce に合わせて変化した形です.なお,ここでは sunca zlatnoga と「名詞＋形容詞」の順に語が並んでいます.ふつうなら形容詞が前にきて zlatnoga sunca となるのですが,詩などではこのような語順をとることがあります.全体で「黄金の太陽の下で」.これはアルバムのタイトルではなく,クラパの名曲シリーズの名称です.

　このアルバムを歌っているのが左の円形の絵の中に書かれているグループ Puntari です.最後の i は複数形の語尾,単数形は puntar で「反乱者」.この言葉,クラパでは歌詞にもよく使われるもので,本当の反乱者というよりは,反骨魂をもった海の男,のようなニュアンスで用いられます.その下に小さく書かれている dišperadun「無用者の歌」は,クラパの代表的な楽曲,これをアルバムタイトルにしているものです.

【サッカーのしくみ】

クロアチアでもっとも人気のスポーツといえばサッカー．ユーゴスラヴィアはサッカー強国として有名でしたが，独立後のクロアチアも，1998 年の FIFA ワールドカップで 3 位となりその実力を示しました．でも，なんといっても世界にその名を印象づけたのは 2018 年大会．決勝戦でフランスに敗れ 2 位に終わったものの，「小さな国，大きな夢」というスローガンとともにクロアチア・チームは多くのサッカーファンを興奮させました．

ということで，ここではクロアチア語のサッカー用語を紹介しましょう．まず「サッカー」は nogomet．この語は「足」を意味する noga と「弾」を表す meta を合成した語で，19 世紀末に現れたものです．サッカーで一番大事な「ボール」は lopta，「競技場」は igralište．そして「試合」は utakmica，「選手」は igrač，「チーム」は ekip となります．これらはサッカーだけでなく，ほかのスポーツなどにも使われる一般的な語です．

サッカーの「フィールド」polje にはさまざまな役割の選手がいます．チームの守護神ともいわれる「ゴールキーパー」は vratar，これは「門」を表す vrata に，行為者を表す語を作る -ar をつけたもので，文字どおり「門番」の意味にも使われます．そのほかの 10 人は「ディフェンダー」branič，「ミッドフィールダー」vezni red，そして「フォワード」napadač に分けられます．branič，napadač はそれぞれ braniti「守る」，napadati「攻撃する」から作られた名詞で，英語の直訳ですが，ミッドフィールダーの vezni red だけは，その役割から「中継ぎ列」のように表現します．

またサッカーにはいろいろな規則がありますね．「違反」prekršaj

をすると, 「審判」
sudija が, 「イエロー
カード」žuti karton
や, 「レッドカード」
crveni karton を出し
ます. žuti, crveni は
それぞれ「黄色の」「赤

の」ですから, どちらも直訳です. そしてサッカーで皆が一番興奮する
のはもちろんゴールが決まった時. 「ゴール」ばかりは gol で, その
ままで, 思いっきり大声で gooool! と叫ぶのが正しい使い方です. つ
いでに, この gol の正しい使い方を実践しているのが navijači「サポー
ター」たち. navijač は文字通り「応援者」で, i がついて複数形です.
写真には Hrvatski nogomet「クロアチア・サッカー」と横断幕が見え
ます. これは 2018 年 FIFA ワールドカップの一場面.

　2018 年のクロアチア・チームの愛称は Vatreni でした. これは vatra
「炎」から作られた「炎の」という意味の語で, これを人について使っ
ているので, さしずめ「炎のイレブン」といったところでしょうか. そ
してこのときのスローガン「小さな国, 大きな夢」は "Mala zemlja,
veliki snovi". 「国」zemlja に「小さな」mala がつき, 「夢」snovi に「大
きな」veliki がついただけの形をしていますが, ただし「夢」の単数形
は san, ここでは複数形の snovi が使われ, これを修飾する veliki「大
きな」も, 複数形です.

　クロアチアで最初にサッカーの試合が行われたのは 1873 年のことで
した. それから 150 年近い歴史を経て「炎のイレブン」は世界の頂点
まであと一歩というところまで行ったのでした.

【お土産のしくみ】

　最近のクロアチア土産の売れ筋はですね〜，と聞き覚えのある声に振り返れば，ニコラ君，ではない，今やクロアチア随一の旅行会社となったビェラ・ヴォダ社のC.E.O代行（なんか怪しい……）になったニコラ氏．いわく，クロアチアがネクタイ発祥の地という話が広まって，お土産No.1は「ネクタイ」．これはkravataと言い，フランス語のcravateやドイツ語Krawatte（いずれも「ネクタイ」）になったのですが，もとはクロアチア人をさすことばHrvat（フルヴァト）から来ているというもの．最近はなぜか，昔のクロアチアでは恋人が出征する兵士に赤いスカーフ状の布を送ったことが由来とされていますが……こんな話，日本人が本気で信じるかなあ，とニコラ氏．ひょっとしてこの「作られた伝説」の発信源はニコラ君？

　なんて思っていると，本人はそしらぬ顔で，最近のもう一つの売れ筋は，グラゴル文字グッズですね，と言います．グラゴル文字とは，9世紀頃にスラヴ語のために作られた文字で，よその地域ではキリル文字に押されて12世紀頃には消滅しましたが，クロアチアの沿岸部ダルマチアでだけ生き残り，字形を変えて使われ続けたのです．これぞクロアチア文化の真髄，とばかりに最近このグラゴル文字を使ったグッズ——ハンカチやバッグ，それにもちろんネクタイなどが土産物屋にずらりと並んでいます．どんな文字かというとaはⱈ，bはⰱ，西欧のアルファベットとはだいぶ違っています．この文字を使うと「クロアチア」Hrvatskaはⱈⱈⰱⱎⱅⱞⱃⰰとなります．

　古い文化をグッズに使うのはいいけれど，この文字，読める人がほとんどいないので，よく印刷が上下逆さになっているのですよね，とニコラ氏もちょっと苦笑気味です．

実際，左の写真は筆者がザグレブ
の土産物屋で買ったバッグで，グラ
ゴル文字のアルファベットが印刷さ
れ，それぞれの文字の下にふつうの
アルファベットでよみがながついて
いますが，詳細は紙面の都合で省略
しますが（すみません），この中だけ
で4カ所間違いがあります．

ま，いいじゃないですか，お土産
だし．それにグラゴル文字ってデザ
イン的にイケてるでしょ？ってニコラ君，相変わらずですね．

クロアチアが観光立国したために，古代文字が思いがけず現代に知ら
れることになったのは結構なこととして，いくらお土産とはいえ，この
文字が読めてしまう人間としては，あまり間違った情報を拡散しないで
ほしいとは思いますね……．

クロアチア国立図書館の入館証．
下地のグラゴル文字は本物の中世の写本のプリント．

【キーボードのしくみ】

　パソコンやスマホのアプリで音声入力の精度の良いものが出回り始めている昨今，いずれキーボード不要の時代が来るのでは？という気にさえなりますが，差し当たっては，キーボードは文書を書くための必須のツールです．キーボードはクロアチア語で tipkovnica，「タイプする」を意味する tipkati から作られた語で，個々のキーは tipka といいいます．

　さて，ラテン文字を使う言語のキーボード配列にはいくつかのタイプがありますが，クロアチアではドイツ語などと同じ QWERTZ タイプとよばれるキー配列をベースにしたものが使われています．QWERTZというのは，文字キーの最上列の字を左から 6 個とった名称で，英語などで用いられる QWERTY タイプとでは，Y と Z の位置が入れ替わります．

　もちろん y と z が入れ替わるだけではなく，下に示すように，クロアチア語固有の文字 č, ć, đ, š, ž にもキーが割り当てられています．

クロアチア語のキーボード配列

　なので，このキーボードを使えばクロアチア語の文書を書くのに困ることはありません．とはいえ，実は Mac 一筋ユーザの筆者，最近はこ

のキー配列にして文章を書くことはまりありません．Macの今の
OSでは，入力ソースに英語のU.S.を指定しておけば，たとえばcを
長押しするだけで右下の図にあるように，ç, ć, čの3文字が入力画面上
に現れます．そこでもしćを入力したければ，cのキーを押したまま数
字の2を押せばćになるというしくみ．これは便利です．

　一点だけ面倒なのは，このやり方
だとđの文字が出せないこと．これ
ばかりは入力ソースを切り替えて
（option + comamnd +スペースキー
で切り替えができます）クロアチア
語キーボードにしないと出せません．

この配列に変えて上のキーボード配列にあるように，文字列の最上段一
番右のキーを押せばđが出ます．đの文字はčやšに比べると頻出度は
高くありませんが，たとればセルビアの君主カラジョルジェヴィッチ
Karađorđevićについて論文を書くときなどには，最初からクロアチア
語のキーボードに設定しておいたほうがいいかもしれませんね．

　ところで今のようにパソコンが普及する前の時代，つまりみんながタ
イプライターを使っていたころのキー配列はどんなだったのでしょうか．
それを示すのが下の画像です．QWERTZタイプですが，文字配列が少
し違いますね．

参考図書ガイド

　クロアチア語を勉強してみようかなぁ，という方は，まずは中島由美・野町素己著『ニューエクスプレスプラス セルビア語・クロアチア語』（白水社，2019 年）．語学入門書の定番の一冊をどうぞ．セルビア語とクロアチア語の違いもわかります．またジョルジュ・カステラン，ガブリエラ・ヴィダン『クロアチア』（千田善・湧口清隆訳，白水社文庫クセジュ，2000 年）がクロアチアの歴史，風土について広く記述しており，クロアチアについての入門ガイドになってくれます．

　あとは，『中央・東欧文化事典』（編集代表 羽場久美子，丸善出版，2021 年）の中に，クロアチアの言語や食文化，民族国旗などについての項目があり，クロアチアの文化を理解する助けになります．クロアチア以外にもセルビア，ボスニア，モンテネグロに関する記事もあり，クロアチアをとりまく文化的環境についても併せて知ることができる一冊です．

　それ以外には，バルカンやユーゴスラヴィアについて書かれたもの，たとえば柴宣弘著『ユーゴスラヴィア現代史』（岩波新書，2021 年）や，やや古い本になりますが，森安達也編『スラヴ民族と東欧ロシア』（山川出版，1986 年）などの中から拾い読みということにならざるを得ません．そんな中，本編第二部にも登場する B. クレキッチ著『中世都市ドゥブロヴニク』（田中一生訳，彩流社，1990 年）は 14 ～ 15 世紀のドゥブロヴニクに焦点を当てた歴史書ですが，へぇ，こんな世界があったのか，とヨーロッパ史の興味深い断片を見せてくれる良書です．

著者紹介
三谷惠子（みたに けいこ）
　東京都出身．東京大学大学院人文科学研究科博士課程修了．
　専門は言語学，スラヴ語学，スラヴ言語文化研究．
　現在，東京大学教授．

主要編著書：
　『比較で読みとく　スラヴ語のしくみ』（白水社）
　『スラヴ語入門』（三省堂）
　『中欧・東欧文化事典』（共編，丸善出版）
主要訳書：
　ミロラド・パヴィッチ著『十六の夢の物語──Ｍ・パヴィッチ幻想短編集』『帝
　都最後の恋──占いのための手引き書』，メシャ・セリモヴィッチ著『修道師
　と死』（松籟社）

クロアチア語のしくみ《新版》

2021 年 11 月 15 日　印刷
2021 年 12 月 5 日　発行

著　者 ⓒ 三　　谷　　惠　　子
発行者　　及　　川　　直　　志
印刷所　　研究社印刷株式会社

〒101-0052　東京都千代田区神田小川町 3 の 24
発行所　　電話　03-3291-7811（営業部），7821（編集部）　　株式会社　白水社
www.hakusuisha.co.jp
乱丁・落丁本は，送料小社負担にてお取り替えいたします．

振替　00190-5-33228　　　　Printed in Japan　　　　加瀬製本

ISBN978-4-560-08925-5

言葉のしくみ《新版》シリーズ

各巻　■Ｂ６変型　■146頁